對自己好一點，因為妳值得

身心靈
全方位休息法

善待獨一無二的自己

日經 WOMAN／著

鍾嘉惠／譯

Nikkei Woman

CONTENTS

CONTENTS

CONTENTS

PART 1

擺脫日復一日的倦怠感

重新啟動
身心的習慣

對工作和生活總是不自覺地太過拚命,疲勞無法消退。我們想推薦給這樣的妳,讓身心變得輕鬆自在的生活習慣。本書將依照疲勞的類型告訴妳建議的做法。一起來整理內心,培養經得起壓力的心靈吧!

依妳的疲勞類型
重新啟動身心的習慣

疲勞總除不去，抱怨「好累——」。建議這樣的妳做疲勞類型診斷。
只要知道造成疲勞的原因，一定就能妥善地休息。
利用每天5分鐘的習慣重啟，讓身心重新振作起來！

請教專家

精神科醫師
西多昌規

早稻田大學運動科學學術院副教授。東京醫科齒科大學畢業後，經歷自治醫科大學講師等的職務後，就任現職。睡眠醫療學會認證醫師。專門領域為睡眠醫學、運動醫學、產業心理健康。著作有《休む技術》（大和書房）等。

無法消除疲勞的人
多半睡眠不足

「多數職業女性在工作以外還把家事、育兒等所有責任，或念書等自己想做的事，全部攬在身上，超過自己的容許範圍，因而經常感覺疲憊」。精通疲勞和休息方法的精神科醫師西多昌規先生這麼說。

即使自己不覺得疲累，但只要有心煩氣躁、注意力無法集中、感冒久治不癒這一類情況，就是疲勞的信號，有必要重新啟動。

而要順利重新啟動，首先要了解疲勞的類型。「消除疲勞最好的方法就是睡眠。經常感到疲累的人多半是睡眠不足」（西多醫師）。

假使睡眠時間充足依然感到疲憊的話，那原因就出在其他地方。請嘗試用左頁的圖表分析一下。

首先要診斷疲勞的類型！

好好睡了一覺隔天照樣感到疲憊嗎？

NO　YES

是因為人際關係的壓力，而非工作本身感到疲勞？

假日早晨可以睡懶覺的話，就會比平時多睡2個小時以上？

NO　YES　　　　NO　YES

TYPE
D
過度拼命型

TYPE
C
人際壓力型

TYPE
B
體力不足型

TYPE
A
睡眠不足型

TYPE
C
≫

因職場等的人際關係而感到疲憊
人際壓力型

不自覺地過度為別人考慮的人，日常生活中很容易累積人際壓力。若有不投緣的上司或同事，人際關係的煩惱尤其大。

TYPE
A
≫

常常不經意地削減睡眠時間
睡眠不足型

時間被工作、家事或興趣佔去，因而削減睡眠時間。青壯年女性很容易陷入這樣的狀態。晚上很晚才吃飯，使得睡眠變淺，甚至降低睡眠品質。

TYPE
D
≫

工作以外還要做很多事
過度拼命型

工作、家事、育兒皆全力以赴！完美主義的女性多半是這個類型。由於高舉著理想和目標，「做不到的自己」和「做不到的家人和同事」就會造成壓力。

TYPE
B
≫

肌力不足，容易疲勞。恢復能力也下滑
體力不足型

整天坐著不動、缺乏運動的人，肌力和心肺功能等的基礎體力會下滑，容易疲累。血液循環也變差，體力恢復很慢。

重啟習慣

TYPE A
睡眠不足型

>>> 每天**5**分鐘
午休時趴著小睡一下

睡眠不足的人應該盡量早點上床增長睡眠時間。除此之外，時間雖短但效果不錯的是午餐後15分鐘以內的午睡。只是趴在桌上稍微睡5分鐘也會有驚人的重振效果。午睡前若攝取咖啡因，醒來後會神清氣爽！

其他建議的歸零重啟習慣

- ✅ 假日早晨比平日晚大約2小時起床
- ✅ 用餐和飲酒要在睡前3小時結束
- ✅ 睡前泡熱水澡稍微溫暖身子

TYPE B
體力不足型

>>> 每天**數次**
爬樓梯

假如撥不出時間運動，那麼通勤或在公司內部移動等的時候，養成走樓梯而不搭電梯或電扶梯的習慣吧。「每天做3到5次心跳會稍微加速、微微出汗的運動，效果很好。睡前做劇烈運動，會降低睡眠品質」。

其他建議的歸零重啟習慣

- ✅ 電車內站著腹肌用力
- ✅ 坐著時背部挺直、雙腿並攏
- ✅ 中午選擇去遠一點的店用餐

TYPE
C

人際壓力型

每天**5**分鐘
>>> 午休時的短暫外出

會考慮旁人的人要保有自己獨處的時間。「就算只是5分鐘、短短的5公尺，縮短與自己不擅應付的人相處的時間和距離即可減輕壓力」。午休時去便利超商之類的，短暫外出一下；下班後安排其他計畫，趕快離開公司。

我去一下超商 ♪

路上小心

其他建議的歸零重啟習慣

✓ 平日請假去做牙齒健康檢查

✓ 關閉簡訊和電話的通知

✓ 與好朋友一起開牢騷大會抒發壓力

TYPE
D

過度拚命型

每天決定**1**件以上
>>> 「不做的事」

「過度拚命人往往會獨自承擔所有的事。仔細想一想有必要現在做嗎？自己真的非做不可嗎？」首先，每天決定1件以上「不做的事」吧。假如覺得做家事很累，就把打掃交給掃地機器人、晚餐去外面吃等，一樣一樣慢慢地放手吧。

不做的事情清單
• 假日時不做任何預定
• 4人以上的聚會不去

其他建議的歸零重啟習慣

✓ 在計畫表中加入「什麼都不做的時間」

✓ 感到焦慮就吐息10秒

✓ 把緊急性較低的工作挪到後面再做

身體保養專家
消除疲勞的24小時

處理別人身體問題的專家也會好好面對自己的身體。
我們採訪了兩位在忙碌中依然時時精神飽滿的營養管理師和針灸師，請教她們「消除疲勞」的習慣！

讓腸胃徹底休息，排除身體的毒素好清爽！

從事瑜伽教練的岡清華小姐除了一週三堂的瑜伽課，並身兼營養管理師，為顧客提供營養諮詢、企劃和舉辦「腸道調理」活動。岡小姐為消除疲勞一直很注意的是「排毒」。她善用學習阿育吠陀的經驗和營養管理師本身具備的知識，把上午當作讓腸道休息、排泄的時間。感覺累了就深呼吸、

聽聽音樂，讓心沉靜下來，這是她每天必做的事。「尤其是調整腸道的狀況，可消除皮膚粗糙、肥胖的問題，並讓心靈取得平衡。避免將過多的能量用於消化和吸收」。

選擇喝軟水。
加入礦物質！

05:00

早晨喝白開水，不讓腸道疲累

在軟水的白開水中加入海鹽和可以喝的溫泉成分（礦物質原液）後飲用。「肚子餓時我會吃香蕉」。

岡小姐 消除疲勞的24小時
START!

CASE 01
營養管理師

瑜伽教練
岡 清華（26歲）

● 一天的時間表 ●

05:00	起床
05:30	開始工作
15:00	結束工作
16:00	晚餐
22:00	就寢

平日早上6點起、假日早上8點起開始早晨的瑜伽課。「也是為了一早能用笑容迎接學員，我時時注意保持7小時的睡眠」。

12:00
伏案工作累了就扭轉上半身

「當我們專心工作，呼吸會變淺，肩膀也僵硬。坐在椅子上扭轉身體，深呼吸。這樣會刺激腸道，對消除便祕也有效」。

扭轉方法

> 用鼻子慢慢地深呼吸5次

1　坐著將左腿翹在右腿上。

2　右手肘靠在左大腿外側，向左扭轉上身。另一側也依同樣方式扭轉。

> 不會苦，很好喝～！

07:00
將超級食物「辣木」溶於水中補充營養

含維生素、礦物質、必需胺基酸等營養豐富的植物「辣木」同時具有消除便祕和排毒的效果。「把粉末溶於開水中飲用」。

14:00
用麻籽油舒緩肌肉

「想消除身體緊繃、讓身體放鬆時，我會使用麻籽油。取少量麻籽油在手中，按摩身體，或滴在舌下」。

> 並確實攝取蔬菜和豆類！

按摩方法

1　手指沾麻籽油，用雙手的大拇指同時按壓鎖骨上方凹陷處。

2　用小指側從耳朵下方往肩膀方向由上往下推。

3　用4隻手指從鎖骨推到腋下。

> 會舒緩肩頸的僵硬！

16:00
一週4～5天自己煮晚餐並提早用餐

「我常常煮一種叫kitchadi的印度粥」。早一點吃，以便睡前能消化完畢。

20:00
寫下一天的心情、感受，讓心情歸零

利用夜晚一個人的時間進行心靈排毒。「把那天的心情、感受一吐而盡，心裡會很舒暢。我從16歲起便持續這麼做」。

22:00
想事情想到睡不著時，就用毛巾把頭包住

「我學習阿育吠陀得知『當腦袋止不住地思考時，可以用毛巾把頭整個包住』後，實際照著做。這是我睡不著時的習慣」。

21:00
聽「528赫茲」的音樂調整自律神經，放鬆心情

「據說聽528赫茲的音樂會使自律神經平衡，腸道蠕動起來。我會利用間接照明讓室內變暗，放音樂休息一下」。用智慧型手機搜尋「528赫茲」立刻就能找到。

CASE
02

針灸師

目白針灸院院長

柳本真弓（44歲）

● 一天的時間表 ●

07:30	起床&吃早餐
10:00	開始工作
20:30	結束工作
21:00	晚餐
24:30	就寢

開始工作後就一直忙到結束，連午餐都沒空吃。「疲勞若累積到光靠睡眠無法消除的程度就麻煩了。所以我白天會勤於保養」。

利用簡單的自我保養變成不會累積疲勞的體質！

針灸和中醫治療院「目白針灸院」的院長柳本真弓小姐一面治療病患，一面經常在媒體上曝光，是位很受歡迎針灸師。因為這樣，她每天十分忙碌，連要好好吃頓中餐都沒有時間。這樣的柳本小姐每天身體力行的是扎針、溫灸、拉筋等有助改善血液循環的自我保健。「要消除長期累積的疲勞非

常不容易，若形成慢性疲勞還會致病。如果出現頭暈、食欲不振、提不起勁等疲勞的信號，我就會馬上進行保養」。感覺心很累時，她會聽西班牙語的線上講座，或去聽音樂會。「重振精神也很重要」。

柳本小姐 消除疲勞的24小時

START!

11:00

用圓皮鍼緩和頭痛和眼睛疲勞

將「圓皮鍼（附短針的貼布）」貼在耳朵後方的「完骨穴」，及頸部四周用手指按壓會感到痠痛的部位。「會促進血液流至腦部，使頭、眼變得舒暢」。

圓皮鍼的使用方法

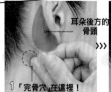

1「完骨穴」在這裡！

耳朵後方的骨頭

找出位於兩耳後方凸起的骨頭下方凹處的「完骨穴」。「就是按了會痛的地方」。

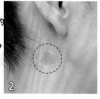

2

想像在完骨穴上扎針的樣子，貼上貼布。「貼著過一整天」。

身體保養專家
消除疲勞的24小時

🕐 **15:00** 按摩手部
增進血液流通！

漸漸覺得手痠了，就扳手指按摩手部。
「做起來簡單又舒服！而且不只是指尖，
還能改善肩、頸等上半身的血液循環」。

按摩方法

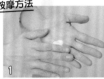

1 將護手乳塗抹全手讓它滲進皮膚。

2 由手指根部往指尖一根一根按摩。

3 用左手將右手四隻手指往後扳。左右手交換做同樣的動作。

🕐 **22:00**

利用瑜伽柱
伸展弓起的背部

背部緊貼著瑜伽柱躺下，手撐著地板左右搖晃。「可以調整脊椎，打開胸部」。

「三陰交」穴道位在離腳踝4根手指處。

🕐 **12:00** 配合當天的身體狀況
服用中藥

「中藥要空腹時服用，所以我通常會在中午時服用。依上午感受到的疲勞狀況選擇服用的中藥」。

感覺快要
感冒時可服用
「板藍根」。

要改善全身的
血液循環則服用
「芎歸調血飲第一加減」。

🕐 **18:00**

按摩「頭帶線」
緩解肩膀僵硬和頭痛！

從額頭到後腦勺骨頭最凸出的地方就是所謂的「頭帶線」。這裡穴道很多，我會用指腹把穴道揉開。

🕐 **21:00** 夏季每天吃含有大量
檸檬酸的夏蜜柑

「我每天會刻意吃含有大量有益消除疲勞的檸檬酸、維生素C等抗氧化成分的夏蜜柑」。

🕐 **22:30** 溫灸對消除
浮腫不可或缺！

將貼布型的溫灸貼在能促進下半身血液循環、消除腿部腫脹的「三陰交」穴道。「眼睛疲勞或眉間很容易有皺紋時，則貼眉頭的穴道」。

緩和眼睛的
疲勞！

對消除腿部腫脹
最適合！

「三陰交」
在這裡！

使用「穴灸NEO NEXT
（溫和）」（山正）。

使用「長生灸（軟）」
（山正）。

1

過度拚命的人要稍微「隨便一點」。

認真的人往往會堅持「應該○○」、「一定要○○才行」。可是「太過拚命的話，有時會搞壞身心。而且若變成強迫別人接受『應該○○』的話就麻煩了。讓我們承認多元的價值觀，變得『隨便（好的意義）一點』吧」。

突然來場一日之旅。

想要去什麼地方就馬上行動。「實際親身體驗，而不是透過手機之類的流覽訊息，能鍛練我們的五感，使判斷力更敏銳。因為開車會累，建議搭電車、巴士或騎腳踏車」。

2

3

不要被電腦和智慧型手機擺布。

「過度依賴手機和電腦會變得愈來愈不會自己思考」。定出週末完全不看手機和電腦、睡前2小時關機之類的規則吧。「尤其是小孩，想一想真的有必要讓小孩使用電腦或智慧型手機嗎？」

習 慣

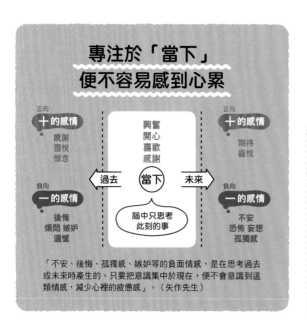

專注於「當下」便不容易感到心累

正向 ＋的感情		正向 ＋的感情
感謝 喜悅 懷念	興奮 開心 喜歡 感謝	期待 喜悅
過去	當下	未來
負向 －的感情	腦中只思考此刻的事	負向 －的感情
後悔 煩悶 嫉妒 遺憾		不安 恐怖 妄想 孤獨感

「不安、後悔、孤獨感、嫉妒等的負面情感，是在思考過去或未來時產生的。只要把意識集中於現在，便不會意識到這類情感，減少心裡的疲憊感」。（矢作先生）

請教專家

東京大學名譽教授
矢作直樹

1956年出生於神奈川縣。1981年金澤大學醫學院畢業。2001年就任東京大學研究所醫學系研究科急診醫學教授及醫學院附屬醫院急診部、加護病房部部長。為東大醫院綜合急救診療體制的建立竭盡心力。著作有《自分を休ませる練習》（文響社）等。

4 訓練五感，傾聽身體的聲音。

煩躁和壓力的成因來自我們對事情的思考方式。「對再怎麼親近的人都不期待、不要求。對方為我們做什麼都要心存感謝。這樣彼此都會比較輕鬆」。

「許多人沒注意到自己身心狀況不佳，勉強硬撐，是因為他們對身體發出的訊息，如臉色、表情等，毫無覺察的關係。照鏡子時仔細檢查一下吧！此外，訓練味覺、嗅覺等的五感，會更快察覺到不適」。

5 對任何人都不期待、不要求。

6 騰出時間自己讓空放

試著騰出時間，什麼事都不做地發呆吧。「一開始也許會浮現各種雜念，但保持這樣的狀態就好。把注意力集中在此刻活在這個當下的自己，身心都會放鬆」。

消除心理疲勞的 8 個

匆匆忙忙的每一天，妳是不是時常體貼旁人而壓抑自我呢？「把注意放在『當下』，珍惜感謝和期待的心情，心就不會感到疲累」。（矢作直樹醫師）

現在馬上戒掉會累死人的關心。

愈會關懷別人的人，愈容易因為對方的變心和不守約定而受折騰、受傷。「對於交往起來很累的人，要保持距離，別太靠近，對他說的話也酌量聽之。人的心情和想法是會變的，想通這一點就輕鬆了」。

當我們專心做著自己喜歡的事，時間轉眼便過去。「工作時也能這樣度過最是理想。若能對自己活在此刻這份奇蹟心存感謝，就能學會積極地全心投入任何事」。

7 找出自己喜歡的事。

煩躁迅速減輕！
使負面情緒歸零的習慣

討厭易怒的自己，感覺心快被不安壓垮。這樣的人要學會如何控制負面情緒。
讓我們以「怒氣不易湧上心頭，並能在細微處感受到幸福」
這樣積極正面的體質為目標，挑戰吧！

4格情緒整理法

4步驟

STEP 1 將不安和憤怒的內容具體化

STEP 2 在1之後，將自己能控制和不能控制的事分開

STEP 3 接著再把對自己來說重要和不重要的事分開

STEP 4 只針對可控且重要度高的部分採取立即可行的行動

有負面情緒很自然！但要傾全力控制

「我們會感覺憤怒、不安很自然。不必勉強壓抑它」。日本怒氣管理協會理事戶田久實小姐表示。「不過，無法控制負面情緒會被人認為歇斯底里，甚至失去信任」。整頓情緒是我們都必須具備的修養。重要的是，要知道產生所有情緒的並非來自於他人，而是自己。「這麼一來就會明白，情緒應當靠自己整理，而不會將自己的不高興怪罪他人，成為精神上獨立自主的成熟的人」。身體力行負面情緒整頓法和負面體質改善法，成為時時保有好心情的「我」吧！

請教專家

日本怒氣管理協會
理事
戶田久實

以怒氣管理和積極型溝通等為題舉辦企業研習和演講。至今指導過的學員超過二十萬人。著作有《働く女の品格》（每日新聞出版）等。

一湧而上的負面
情緒用

4 格整理法對付

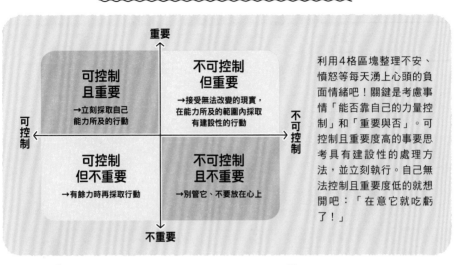

利用4格區塊整理不安、憤怒等每天湧上心頭的負面情緒吧！關鍵是考慮事情「能否靠自己的力量控制」和「重要與否」。可控制且重要度高的事要思考具有建設性的處理方法，並立刻執行。自己無法控制且重要度低的就想開吧：「在意它就吃虧了！」

案例 2

想到不久的將來必須
照護父母就覺得不安…

有3項不安的因素：①父母會不會變成需要照護的狀態？②能不能兼顧工作和照護？③能否準備好照護的費用？

現在無法預知將來父母會得什麼病，所以①不可控制。②和③則是自己可以控制。

②和③是有關維繫自己未來生活的工作方式和金錢的部分，可說重要度非常高。

②可以先確認公司的家庭照顧假等制度；③則可以問父母希望採取什麼樣的照護形式，調查父母的積蓄、政府提供的照護服務等。

案例 1

客戶老是不按時交件，
忍無可忍 !!

STEP 1
我一再提醒，A公司的承辦人B仍然不遵守截止期限。害我無法向上司提交企劃書而挨罵的狀況。

STEP 2
雖然管不了其他公司的員工，但若能讓A公司理解我的困擾，A公司也許能幫忙想法解決。

STEP 3
與A公司是老交情了，B的企劃能力也很出色，所以繼續維持良好關係非常重要。

STEP 4
鄭重要求A公司遵守截止期限，假使情況依然得不到改善，就將截止期限提前。

----------- 進一步 對於強烈的情緒要這樣處理 -----------

無法釋懷的憤怒
↓
把視角從「過去的對方」轉換成「未來的自己」

無法釋懷的憤怒要藉由轉換視角來切斷。把一直朝向過去的對方的視角轉而朝向「未來充滿希望的自己」。「不論原因為何，只注視自己和未來，無法改變的對方和過去就扔掉吧」。

深層的悲傷
↓
不勉強掩蓋，讓眼淚流出來很重要

「失去自己很重要的人」之類的深層悲傷，無法用4格整理法。「難過時不要硬撐，哭出來會比較好。哭泣時副交感神經會處於優勢，心情就會平靜下來」。

3種情緒日誌整理

記錄並觀察每天湧上心頭的怒氣，會理解「自己容易對什麼事、為什麼生氣」的傾向。一旦能夠以客觀的角度看待怒氣，便不容易湧現憤怒的情緒，也不會再久久難以釋懷。若能進一步記錄下快樂和成功的體驗，幸福感和自我肯定感便會上升。情緒漸漸由負面轉向正面，「體質得到改善」，便比較不容易消沉。

情緒日誌之1

記錄火大、煩躁、
鬱鬱不快的事

生氣日誌

[ANGER LOG]

**能客觀審視怒氣，
理解自己的傾向**

煩躁和不爽常常會在不清楚原因的狀態下不斷累積形成壓力。從有點火大到火冒三丈的憤怒，勤快地做記錄，慢慢就能客觀審視不可捉摸的憤怒原因。同時能明確找出自己容易感到憤怒的場所，如職場或家庭等。

日時	8月7日
地點	回家的電車上
事件	回家的電車上運氣很好有位子坐，可是因為面前站了一位孕婦，我起身準備讓座，不料一旁的大叔假裝不知道就坐下去。
感想	居然搶走本來要讓給孕婦坐的位子，真差勁！很想嗆他：「我站起來又不是要讓位給你！」不爽這種人，怎麼會只考慮到自己！
憤怒強度	6

生氣日誌的記錄法

按照日誌的要點，將何時、何地、發生什麼事、對那件事如何感到憤怒記錄在筆記本或智慧型手機裡。並簡單明瞭地用10個等級將憤怒的強度數值化。可以不用寫為何會感到憤怒之類的分析。

情緒日誌之3

記錄開心、快樂、
驚喜的事

快樂日誌

[HAPPY LOG]

⟱

看見很小的快樂，
壓力便會減輕

記錄開心、快樂等情緒的日誌。持續記錄下去，就會發覺以前沒注意到的微小幸福，使想法愈來愈正面。壓力總量也會逐漸減少。

- ☑ 頭髮捲得很漂亮

- ☑ 被晨間劇的
  對白打中

- ☑ 在電車上讓位，
  對方非常高興

- ☑ 收到正熱門的
  札幌名產

- ☑ 回家的路上忽然望向天空，
  看見美麗的月亮

快樂日誌的記錄法

很小的事也沒關係。敏於覺察讓人嘴角上揚、喜不自禁的瞬間，留下記錄。

情緒日誌之2

記錄做到的事、
有好結果的事

成功日誌

[SUCCESS LOG]

⟱

自我肯定感提高、
負面情緒減少

寫下工作和生活中覺得「我做到了！」的體驗。持續記錄就會真切感受到自己「有能力處理好」、「對周圍的人有用」。「反正我這種人」這種負面想法變淡，自我肯定感提高。

- ☑ 比平時早
  十分鐘醒來

- ☑ 步行一個站的距離

- ☑ 在會議中做簡報，
  反應良好

- ☑ 早上寫的待辦清單
  全部完成

- ☑ 整理完衣櫥

成功日誌的記錄法

不必是了不起的成功體驗，盡可能降低難度，寫出日常小小的成就感吧！

---------------- 負面體質 `一個月´ 歸零日曆 ----------------

容易提不起勁的一週的開頭和中間，用快樂日誌讓人打起精神；週五晚上，用成功日誌實際感受一週來的達成度；憤怒日誌則是每次感到憤怒的記錄。當場寫不出來時，可以冷靜之後再寫。

Mon	Tue	Wed	Thu	Fri	Sat	Sun

憤怒日誌 是每次感到憤怒時記錄

覺得工作難熬……
為免演變成「上班憂鬱」可以做的事

人際關係令人難受、工作多到不得喘息……
還有在心情鬱悶下咬牙苦撐，因而搞壞身心這樣的心聲。
我們採訪了職醫，請教他該如何處理職場所引起的「憂鬱」。

請教專家

同友會職醫
大室正志

1978年出生。產業醫科大學醫學院醫學系畢業。經歷嬌生公司的總括產業醫師後擔任現職。負責外資企業、行政法人等約30家公司的產業醫師業務。著作有《產業医が見る過労自殺企業の内側》（集英社新書）。

眼前的痛苦是必要的嗎？
保有俯瞰進而思考的時間

　日經WOMAN的讀者調查每個月都會收到許多因工作壓力導致身體狀況或心情不佳的心聲。

　「因工作而引起的身心不適多數被稱為『新型憂鬱』，從2010年左右開始受到注目」。職醫大室正志這麼說。

　「未達到狹義的『憂鬱症』標準，但是由某些壓力引發的『憂鬱』狀態有時也會被診斷為適應障礙症。不過一直置之不理的話，可能惡化成憂鬱症，因此有必要在初期進行改善」。

　「上班憂鬱」的主要原因，大室先生肯定地說：「是人際關係、工作的量和工作的質（適性）」。「反過來說，只要控制這3項因素，可說就能相當程度地保持身心健康」。此外，他還

何謂「上班憂鬱」

「上班憂鬱」指的是因公司或職場的壓力，引發種種身心的不適。當抑鬱的情況嚴重、時間拖很長，就會被醫師診斷為憂鬱症。

若有這類症狀
要注意！

身體出現的症狀

- ☑ 沒有食欲
- ☑ 渾身無力
- ☑ 容易疲倦
- ☑ 頭痛
- ☑ 肩膀痠痛
- ☑ 胃不舒服
- ☑ 便祕、腹瀉等的腸道不適
- ☑ 口渴
- ☑ 心悸
- ☑ 暈眩
- ☑ 失眠

自覺症狀

- ☑ 心情沉甸甸
- ☑ 覺得悲傷
- ☑ 不安
- ☑ 心煩氣躁
- ☑ 注意力無法集中
- ☑ 沒有體力和精神做喜歡的事
- ☑ 擔心很小的事
- ☑ 動不動就自責

判斷「憂鬱狀態」的 Question

「這是我作為職醫在診斷陷入憂鬱狀態的朋友時必定會問的問題。假日過得很充實的朋友，也許給他一些抒解壓力的建議等，他就能靠自己的力量恢復。如果是對原本喜歡的事物失去興趣之類的，我認為就需要醫師的持續觀察」。

♀ 週末假日如何度過？

與以前相比
不再那麼有活力
↓
憂鬱狀態
正逐漸嚴重化

可以做好
自己想做的事
↓
能夠自己
化解壓力

為我們介紹次頁先寫出3要素再做分析的方法。

現代社會一切數據化，使得工作速度加快，每個人承擔的工作量也大幅增加。而另一方面，日本傳統的工作觀──認為在頂尖企業當一個正職員工可以接受、在公司就要服從上司──改變速度緩慢，在那樣的狹縫中搞壞身心的人也逐漸增多。電通員工高橋茉里過勞自殺的事件記憶猶新。

「希望大家試著再次思考一下自己的未來，對自己來說，怎樣的生活方式才是幸福？想清楚之後，假使覺得現在很痛苦，就要深思那樣的公司和人際關係對理想的未來是否真的不可或缺。經常摸索其他選項預做準備，對避免因為工作損害身心也會有幫助」。

寫出工作的3要素加以整理

1 依下表的「人際關係」、「工作的量」、「工作的質」分別寫下「喜歡的部分」和「感覺有壓力的部分」。要寫多少都可以。如果一時想不出來不要勉強寫，空著也沒關係。

2 在忍得很痛苦、感到壓力的地方畫上紅線。

3 「喜歡的部分」——繼續現在的工作的理由，要特別畫上藍線。沒有就不必畫。

4 假使有3「喜歡的部分」，可以忍受2的壓力嗎？思考優先次序。沒有「喜歡的部分」時，想一想有沒有「薪水不錯」等左表以外的加分要素，比較看看。

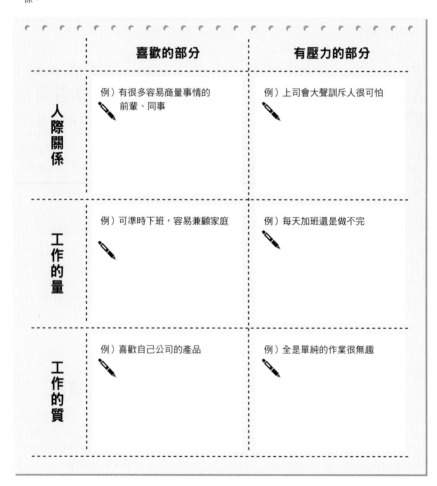

	喜歡的部分	有壓力的部分
人際關係	例）有很多容易商量事情的前輩、同事	例）上司會大聲訓斥人很可怕
工作的量	例）可準時下班，容易兼顧家庭	例）每天加班還是做不完
工作的質	例）喜歡自己公司的產品	例）全是單純的作業很無趣

整理之後結果如何？ >>> 如「工作量多雖然有壓力，但喜歡人際關係良好這一點，所以想繼續現在的工作」等，分析「喜歡」的程度是否超過「壓力」。

22

確保一天
最少睡6小時

睡眠不足會引發抑鬱狀態。愈是忙碌的人,愈要保有一天6小時的睡眠。「明明很累卻睡不著的話就要接受診察」。

時時保有可以
換工作的可能性

「即使沒有真的換工作,只是保有這樣的選項,壓力就會減輕」。建議經常透過求職網站掌握自身的價值。

為免陷入
「上班憂鬱」
可以做的事

**身邊的人可能
陷入憂鬱…**

試著問他:
「找○○談過了嗎?」

「『如果是這人的話我就會聽』,任何人都有這種投不投緣的問題。若建議不獲對方採納,鼓勵他去找別的人商量即可」。

認真儲蓄

若有積蓄足以支應離職後的生活,就比較容易做出「辭職」的決定。「有錢也會對精神上的游刃有餘造成影響」。

大家都經歷過！
職場壓力 & 當我陷入
「憂鬱」時

為各位介紹現在正為職場壓力所苦的人，和過去曾陷入憂鬱狀態並克服憂鬱的人的心聲。

妳有過因為壓力而停職或辭掉工作的經驗嗎？

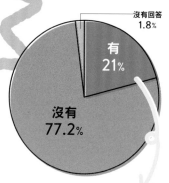

沒有回答 1.8%

有 21%

沒有 77.2%

當妳覺得上班很痛苦，妳採取了什麼行動？（可複選）

第1名 去看心理醫師	47.7%
第2名 找其他工作	38.6%
第3名 找家人商量	28.4%
第4名 找公司內可以信任的人商量	27.3%
第5名 找公司外的朋友商量	26.1%

「憂鬱狀態一開始很少自覺症狀，八到九成都是從身體狀況不佳開始。女性因為有月經，經常注意自己的身體，會相應地較早覺察，也比較不排斥上醫院接受診察。男性則有容易演變成重症的傾向」（大室醫師→P.20）。

EPISODE
1

找上司商量反而被上司指責自己的性格，因而決定換工作

被前輩霸凌而找信任的上司商量，上司卻以「你就是愛發牢騷」岔開話題……我藉著當時參加的學習會重新評價自己，決心換工作。之後我參與各式各樣的學習，讓自己不要執著於單一的想法。

（27歲・廣告・業務）

EPISODE
2

自己扯後腿…因為內疚而長時間加班

我作業經常延遲，每天都會遭上司訓斥。基於老是給人添麻煩的內疚心理，每天加班，中午也不休息地繼續工作，後來漸漸變成只是工作就會掉眼淚……去找朋友訴苦，朋友建議我：「我們公司正好徵人，不如去應徵看看？」於是換工作。現在的工作環境比以前好，收入也增加。

（34歲・流通・系統工程師）

EPISODE
3

不想被認識的人看見我在哭，每天走到兩站遠之外搭電車

人際關係和工作量等的原因，導致我一去上班便淚流不止。回家時為免得見熟人，總是挑人少的路邊走邊號啕大哭，走到兩站遠之外搭電車。最後我把辭職的理由列成清單，連同辭呈一起交給社長。

（47歲・出版・編輯）

EPISODE
4

在雙親面前崩潰大哭，深切體會到再也撐不下去。出國進修後找到天職！

我以前在每天都用傳閱板問你業績是否達標的業務部工作，出現一準備出門上班腳就痛到舉步維艱的症狀。即使這樣我仍然咬牙硬撐，可是有一次我在父母的面前崩潰大哭，深切體會到自己已經到了極限。離職後我出國進修，現在從事的工作可使用我最愛的英語。就結果來看那是個轉機。

（38歲・通訊・用戶支援服務）

EPISODE
5

被6名喝醉的男同事壓住，因而出現對人恐懼症……

8年前，我被喝醉的男同事叫出去，被6人抓住手臂無理糾纏。從那天起我就叫不出聲，也笑不出來，看了一年的心理醫生。現在我雖然已經想通，當那是「為了客戶」而繼續工作，但我不再信任公司。現在我很珍視與公司外面朋友的相聚，使自己煥然一新。

（52歲・批發・業務）

慰勞自己，引入最舒適的睡眠
晚安瑜伽

疲倦時，慰勞自己很重要。晚安瑜伽（Restore Deep Yoga）是透過簡單、
輕鬆的姿勢，引導人進入身心皆放鬆的深層睡眠。
今天起就利用家裡的抱枕或毛巾，趕快開始練習吧！

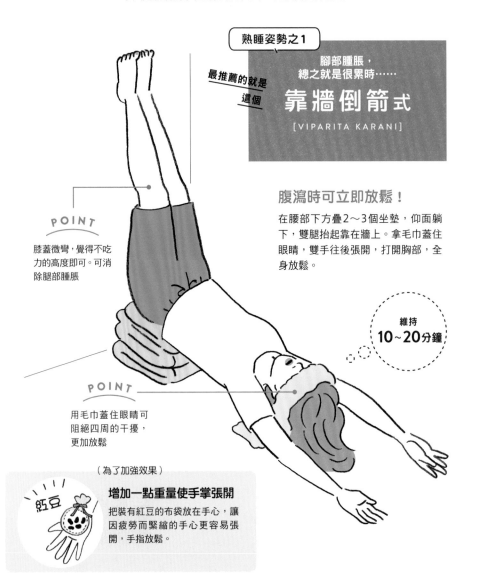

熟睡姿勢之1

最推薦的就是這個

腳部腫脹，
總之就是很累時……
靠牆倒箭式
[VIPARITA KARANI]

POINT

膝蓋微彎，覺得不吃
力的高度即可。可消
除腿部腫脹

POINT

用毛巾蓋住眼睛可
阻絕四周的干擾，
更加放鬆

（為了加強效果）

增加一點重量使手掌張開

把裝有紅豆的布袋放在手心，讓
因疲勞而緊縮的手心更容易張
開，手指放鬆。

紅豆

腹瀉時可立即放鬆！

在腰部下方疊2～3個坐墊，仰面躺
下，雙腿抬起靠在牆上。拿毛巾蓋住
眼睛，雙手往後張開，打開胸部，全
身放鬆。

維持
10~20分鐘

請教專家

日本瑜伽醫療協會
代表理事
岡部朋子

慶應義塾大學畢業後進入綜合商
社服務。經歷美國稅務師、創業
等之後開始學習瑜伽，並成為合
格的深層修復瑜伽高級指導員。
傾力於推廣安全、簡單易懂的瑜
伽，作為高齡者、身障者等的補
全替代醫療。
http://yoga-medical.org/

藉瑜伽舒緩身心，達到舒適的睡眠

金融相關從業人員，也都利用這種瑜伽來療傷」。致力推廣深層修復瑜伽的岡部朋子小姐說。

重點是利用墊子之類的支撐身體，用輕鬆的姿勢放掉力氣。然後稍微延長吐息的時間。只要在睡前做下面介紹的姿勢，應該就能舒緩身心的緊繃，呼吸也會加深，進入舒適的睡眠。

「很難入睡」、「睡眠很淺」。這樣的人有可能身心都很疲勞。因此我們要推薦的是「深層修復瑜伽」。期待藉由力氣。有效消除壓力和緊張所造成的身體過度用力的情況。「這種瑜伽動作任何人都做得到，只需要維持姿勢5～20分鐘。據說，雷曼風暴發生後身心受創的美國

打開胸部加深呼吸

把毛巾捲起來墊在胸部和膝蓋下方，仰面躺下。雙手高舉，打開胸部，使腹部拉伸，呼吸就會變深。也可以就這樣一直躺著。

維持
10~20分鐘

POINT

下方墊毛巾會比較容易放掉力氣，並減輕膝蓋的負擔

熟睡姿勢之2

想變得積極時……
魚式
[FISH POSE]

不安、緊張的狀態持續，
總之就是很想放鬆時⋯⋯

嬰兒式
[CHILD POSE]

鬆弛背部使自己放鬆

把墊子放在臀部下方，坐在地板上。上半身倒在疊起的抱枕上，肩膀和背部盡量不用力，使背部鬆弛，完全放鬆。

維持
10~20分鐘

POINT

把手埋進抱枕之間
會有安全感

（為了加強效果）

上半身往前趴，
拉伸肩膀和腰部

浴巾摺起來夾在膝蓋後側坐下，上半身一邊往前趴一邊慢慢吐氣。緩緩拉伸肩膀和腰部。

熟睡姿勢之4

夏天感到倦怠或
腸胃虛弱時……

側臥式

[SIDE LYING]

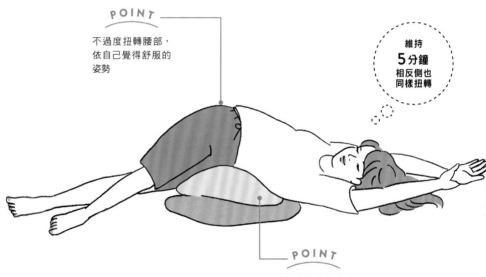

POINT

不過度扭轉腰部，
依自己覺得舒服的
姿勢

維持

5分鐘

相反側也
同樣扭轉

POINT

調整抱枕的數量到
覺得舒適的高度

扭轉身體，
改善內臟的運作

在腰部下方放幾個抱枕，仰面躺
下，雙手高舉。右腿彎曲跨在左
腿上，腰部以下扭轉。左手抓住
右手手腕。

50個「戒除後就神清氣爽」的習慣

「不做」

我們從日經WOMAN的讀者問卷調查收集了許多職業女性「改掉的習慣」。
參考大家「改掉的習慣」，妳也要不斷放下不必要的堅持，
去做有助於更接近理想中的自己的行動。

08 就算加班也效率很低，只會留下疲憊，所以一定準時下班回家。現在即使工作吃力也能轉換心情。（37歲・商社・一般內勤）

09 不再積存資料。因為要花時間尋找，所以都改成記筆記。（37歲・教育・老師）

10 休假中回電郵。以前平日和假日沒有區分，假日結束很快就陷入提不起勁的狀態。假日不回電郵之後，就能以新鮮的心情展開一個星期的工作。（27歲・智庫・顧問）

11 不再發紙本資料，改請需要的人自行影印。（33歲・建設・開發）

12 傳真和信件的往來。公告只接受電子郵件之後，紙本的傳遞減少，訊息管理變順暢。辦公桌也變得整齊清爽。（56歲・醫療・研究）

13 單純告知對方「了解」等的公司內部郵件不再回覆。（47歲・貨運・總務）

家事上改掉的習慣

14 以前週末會預做三道菜當作平日的便當，現在改煮大量餡料豐富的湯品帶便當，週末便有餘暇時間。（40歲・不動產・技術專員）

工作上改掉的習慣

01 與不懂的人沒完沒了地爭辯。立刻去請教專家。（49歲・建設・一般內勤）

02 不搭載滿乘客的電車通勤，改用走路的。不快感消失，而且可以邊走邊思考。（54歲・風險投資・會計）

03 休息時間不看手機和電腦，小睡15分鐘。時間雖短卻能讓頭腦清醒，並稍微改善眼睛乾澀的症狀。（35歲・機械製造廠・業務）

04 停開例行討論會，改為採平時就經常交流資訊、逐一互相核對的做法。（34歲・醫藥品製造商・專員）

05 休息時間去茶水間。省下和同事一起互吐苦水的無意義時間。（26歲・電器製造廠・一般內勤）

06 不再等待工作指示。主動找事情做並完成它，慢慢就能靠自己的判斷使工作順利推進。（35歲・醫療・醫師）

07 把文件製作得完整精確。看得懂內容就好，所以現在只用7成的力氣製作。（38歲・教育・一般內勤）

26 斷然捨棄「應該每天親手為孩子做料理」的觀念。現在充分利用超市的現成小菜和消費合作社的簡單調理包，以自己想不想做為優先。
（42歲・商社・貿易辦事員）

27 「沒面紙了」、「我想喝咖啡」決定忽視這類丈夫的報告。結果現在他想找我幫忙時開始會問：「我希望妳幫我○○，有空嗎？」因為這樣，對丈夫的煩躁感也減輕。
（32歲・保險・一般內勤）

28 開始請人代做家事之後，做家事的時間徹底減少，陪小孩的時間和自己自由運用的時間增多。
（40歲・市場調查・調查員）

29 檢查小孩的功課和時間分配。現在會覺得忘記是他本人的錯。
（45歲・不動產・一般內勤）

美容、打扮上
改掉的習慣

30 不再為頭髮上卷子之後，頭髮恢復健康；不再接睫毛之後，自己的睫毛也變健康了。
（43歲・旅行・業務）

31 覺得妝化得不好就會被同事吐槽很麻煩，所以連妝都不化了。現在沒化妝也沒什麼人在意，覺得戒掉很好。（40歲・廣告・一般內勤）

32 逛百貨公司。耶誕彩妝組和限定品等，花在這些用不完的化妝品上的時間和金錢都減少了。
（41歲・法律・人事）

33 不再讓頭髮長過肩膀。剪短之後，原本要花20分鐘才能用吹風機吹乾，現在時間大幅縮減，使得睡眠時間增加。（44歲・不動產・會計）

15 以前都會規定「星期○要做○家事」，現在改成想到時再利用空檔趕快把它做完。
（34歲・教育・研究）

16 不再使用抹布，改成用完即扔型。不再煮麥茶，改喝水。
（46歲・金融・企劃）

17 平日不煮晚餐改吃超商便當後，就能趁晚上做好隔天早晨的準備工作。會注意攝取的熱量，慎選便當。（39歲・教育・老師）

18 不再折洗好的衣服，改用衣架吊起來。不但省時，而且擺脫掉「還得折衣服」這種不愉快。
（38歲・醫療・營養管理師）

19 不再獨自生活，和母親同住之後，完全不用做家事。每天只是「工作、睡覺、吃飯」，因此能全心投入工作。
（49歲・信用卡・電話客服）

20 嚴格執行一星期兩次「輕斷食」。做菜時間也因此減少。
（55歲・證券・業務）

21 決定「忽視輕微的雜亂」，不再整理整頓之後，精神上和時間上都變輕鬆。（40歲・零售・銷售）

22 不再燙手帕，改採折好後直接晾乾的做法。（39歲・IT・系統工程師）

23 買台掃地機器人，不再用吸塵器。
（30歲・公務・銷售內勤）

24 不在家洗衣服，集中帶到投幣式洗衣店一次洗淨、烘乾。試過一次後，覺得以前一天洗三趟衣服耗掉一整個假日好像白痴。
（48歲・出版・撰稿員）

25 不再做便當。把自帶便當省下的錢和做便當所花的時間、心力放上天秤一秤，發現外食比較節省時間，太好了。（28歲・IT・業務）

嗜好、娛樂上
改掉的習慣

43 搭電車通勤時不再玩免費的手機遊戲，把時間用來做時間表管理。（61歲・政府部門・顧問）

44 不再去做熱瑜伽。因為教室裡人擠人，無法自在地做動作感覺好有壓力，現在就不再有那種煩躁感。（34歲・醫藥品製造廠・專員）

45 戒掉酒和咖啡，不再跟人一起去喝酒、上咖啡館，花費因而減少。斷絕酒友關係、不再參加無益的女性友人聚會，好清爽！（38歲・旅行・服務）

46 假日不再不自覺地打開電視機，改成去散步。原本是看電視良伴的零食，現在也不吃了，變得比較容易控制體重。（37歲・醫療・醫師）

47 上健身房。從利用次數必須與所繳會員費相當這種無謂的達標壓力中釋放出來。（41歲・商社・祕書）

48 欣賞寶塚歌劇少看非自己支持的人的作品。因為財力和體力都吃不消，感動也會變淡。現在也會去注意其他好玩的事。（42歲・教育・老師）

49 不再刺繡。因為眼睛疲勞，肩膀也會僵硬。（47歲・人力派遣・一般內勤）

50 不再定期流覽諮詢類的網路布告欄。很多時候確實有用，但另一方面因為是匿名制，各種意見激烈交鋒，發覺對自己沒有好的影響。（46歲・教育・研究）

34 買衣服時，不再逛來逛去尋找最便宜的。現在遇到喜歡的衣服，即使貴一點也會買。不再為購物疲勞。（34歲・醫藥品製造廠・醫藥行銷師）

35 不再隨身背著大包包之後，肩膀痠痛和疲勞都減輕了。沒有隨身攜帶很多物品也總會有辦法解決。（34歲・運動・總務）

36 發現四周的人其實沒有自己所想的那樣關注自己的服裝之後，我就不再買新衣服，以現有衣服搭配著穿。以前為了毫無意義的講究花太多錢。（34歲・法律・會計）

37 戒掉彩妝，盡可能靠藝術化妝素顏過生活後，皮膚變漂亮了。（36歲・服飾・財務）

38 不畫眼線後，熊貓眼的風險也消失。（35歲・化學製造廠・人事）

39 戒掉每兩週～一個月做一次美甲的習慣。因為花那麼多錢，卻沒有太多男性會注意。（26歲・社福・一般內勤）

40 由於做過骨骼診斷和色彩診斷，現在去逛特賣會，或假稱「冒險」實則購買不適合商品的情況減少了。（39歲・電器製造廠・銷售內勤）

41 自己染白髮。決定每個月上美容院交給專家去做。從此不再有染不好的壓力。（45歲・服務・一般內勤）

42 減少用洗髮精洗頭的次數後，上美容院時被誇獎頭髮狀態良好。（55歲・團體・一般內勤）

PART **2**

工作和生活都變輕鬆

人際關係
法則

為了讓私生活和工作都順暢，良好的人際
關係不可或缺。但即使心裡明白，還是常
常有各種煩惱。與人交際聰明得體的人平
常到底都做些什麼事？如何用心？讓專家
來告訴我們其中的祕訣！

的女性的
法則

> 減輕人際關係的煩惱！

壓力，以至於有人說，人的煩惱有9成是關來自於人際關係。
的是，人人喜愛、盟友眾多的職業女性人際溝通術。
言無諱。為各位介紹這樣的社交法則。

♀ 人想結交、讚賞的女性有什麼特徵？ (可複選)

第1名 總是面帶笑容　　52.7%

第2名　懂得禮貌	50.3%
第3名　很會若無其事地關懷人	49.7%
第4名　不會巴結人	37.2%
第5名　不在背後中傷人	37.0%

> 公司的前輩總之就是很會察顏觀色。會關心疲憊的人、逗人發笑，非常迷人。
> （35歲・製造商・開發）

> 只是送一點伴手禮給單位裡的同事，她就會很高興的說「好開心」、「好好吃」之類的。
> （32歲・醫療・內勤）

> 我有個朋友，任何時候看到她都覺得她很快樂、生氣勃勃。不知道是不是受到良好氣場的影響，我很喜歡和她在一起時的自己。我也想變成像她那樣的人。
> （37歲・醫療・營養管理師）

> 笑眯眯地靠近，讓人放寬心地說話，然後再一句一句地抓人的小辮子。感覺像是掉入她設好的圈套，很可怕。
> （34歲・製造廠・業務）

> 一大早就板著臉、一言不發的同事。讓人疑惑「我是不是做了什麼？」，操不必要的心。
> （53歲・通訊・內勤）

> 希望對方聽自己說才提起那個話題，然而她卻只聊自己的事，完全不問我。我對這種不識趣的人很不爽。
> （33歲・零售・銷售）

♀ 讓妳覺得「不好應付」的人有什麼特徵 (可複選)

第1名 老是抱怨別人、說別人的壞話　50.8%

第2名　講話高高在上	41.8%
第3名　常常心煩氣躁	37.5%
第4名　否定別人的價值觀	35.9%
第4名　情緒變化無常	35.9%

這是2018年5月日經WOMAN所做的問卷調查。376人回答（平均年齡39.6歲）。

不知為何 盟友眾多

社交

相信很多人都對人際交往感到
因此,我們想提供給各位參考
不與任何人對抗、不巴結、直

與任何人相處皆表裡如一

對誰都平等相待、不中傷他人、懂禮貌的人,肯定深受身邊的人信賴,人見人愛。反之,對尊長諂媚、情緒變化無常的話,會失去別人的信任。

與上司、同事、部下之間的交流密切

人際關係的糾紛很多是溝通不足造成的。平常就與一起共事的上司、同事、部下(後輩)充分溝通的人,有盟友眾多的傾向。

不知為何盟友眾多的女性就是這樣的人!

被攻擊也不應戰

被人挖苦、被人批判可能會「怒上心頭」,但若能巧妙地躲開對方的攻擊,人際交往會一下子輕鬆許多。要練就任何情況都不與人對抗的「成熟的應對」。

可以明確地表達出自己想說的話

尊重別人,同時也能直率地說出自己的意見,人際關係的壓力就會減少,工作也能順利推展。建議各位採用積極型溝通。利用慣用句學習溝通技巧。

女性間的人際關係不會黏呼呼

容易被捲入女人之間互相嫉妒、扯後腿等棘手的人際關係的人,自己的「女子度」程度可能也很高。只要理解不同類型女性的特徵和深層心理,無謂的煩躁感就會銳減!

公司裡最受人喜愛的人
平常會做的 **15** 件事

公司裡朋友眾多的人確實有她受歡迎的理由。我們將根據上司、部下的證詞，
為各位介紹她們在公司裡的待人接物之道和社交法則。

這個人是
木積小姐

> **CASE 01**
> ----
> ## EN JAPAN
> 中途徵才媒體事業部
> 第一業務部組長
>
> ### 木積利奈（25歲）
> ----
> 【工作內容】
> 徵人網站「EN轉職」的法人業務
> 【在公司內的地位】
> 業務小組的組長，底下有兩名比
> 自己年長的男性部屬。直屬上司
> 是管理數個業務小組的經理。
> 【性格】
> 笑容可掬、禮貌周到。

「感謝」、「誇獎」、「忠告」
絕不刻意討好、表裡如一，
所以備受信任

\ 我們作證！ /

上司代表 資深經理
中井圭介（37歲）

兩年前我是她的直屬上司，隔了一
年後，我像是追隨她似地調到她的
新單位，再度成為她的上司。她為
了讓組織運作順暢幫忙居中串連，
我非常感謝她。

01 全部在日曆上註記完畢！
─── **掌握所有組員的生日**

上司談

「她會在部下生日的當天早上提醒我，請
我『說句祝福的話』。很體貼，讓我和部下
雙方都很高興」。

本人談

「我查閱已建立資料庫的檔案，把所有組員
的生日都輸入日程表。並準備禮物」。

部下代表
畠山龍介（27歲）

我是公司中途招聘進來的，成為木
積小姐的部下大約三個月。雖然是
「年紀小的上司」，但她經常使用
敬語，用一貫的態度對待任何人。
我很快就覺得她是值得信任的人。

06 累積式的人際關係
不會斷絕過去建立的關係

> 上司談
>
> 「她就算調單位、據點改變，也會時常寄信來。就是純粹覺得開心，也很想學習她種珍惜人與人的關係的態度」。

> 本人談
>
> 「與人的緣分很可貴。難得相遇、建立起的人際關係，只是因為工作單位改變就中斷，太可惜」。

07 所以才值得信任！
不會因為人而改變態度

> 部下談
>
> 「她的態度和言行不會因為對象或時間、地點、場合等而動搖。一貫而平等。讓人覺得她是可以信任的人」。

> 本人談
>
> 「偶爾會遇到平時彬彬有禮，卻對店員很傲慢的人。我是不論任何場面，對任何人都同等對待」。

08 不會只顧自己
扮演人與人之間的橋梁

> 上司談
>
> 「她似乎在我就任她的部門主管之前，跟所有人都介紹過我的為人，因此我可以很快地拉近與部下的距離」。

不論是上司、同事或部下，對於疲累的人、心情低落的人，她都會用字條或點心慰勞他們。

02 無關上司或部下
對年長者基本上都使用敬語

> 部下談
>
> 「不是那種畢恭畢敬的感覺，可是我年紀比較大對吧？所以她都用敬語跟我說話。是個很有禮貌、讓人感覺很舒服的人」。

> 本人談
>
> 「我重視禮貌一方面是尊敬對方，同時也讓人對我這個人產生信任，使我的言行增加說服力」。

03 平時有在關注的人都看在眼裡
別人不想做的事，她會率先舉手

> 上司談
>
> 「連聚會的幹事之類的，她也會主動接下來做。她那麼忙都舉手了，於是大家開始會『我也要』、『下次換我』，互相體諒」。

04 不會留下疙瘩
忠告直截了當，後援細心

> 部下談
>
> 「她給建議說得很直接，但會很仔細地補充，如問對方『有什麼地方想不通？』等，因此比較容易理解」。

> 本人談
>
> 「不僅對部下，我對上司也是想說的話就直截了當地說，但會看對方的反應想辦法提供協助」。

《できる大人のモノの言い方大全》（話題の達人俱樂部編／青春出版社）是她遣詞用字的範本。

05 聽到的人不可能不開心
直接告訴對方長處

> 部下談
>
> 「木積小姐是發掘別人長處的天才。她很坦率地告訴我，所以起初我會很害羞，可是被人誇獎一定是開心的，也會比較有幹勁」。

對工作誠實、苦幹實幹。
需要幫助時會讓人想幫她一
把的新手主管

這個人是
寺田小姐

CASE
02

GUPPY
健康照護小組 組長
寺田沙也香（28歲）

【工作內容】
自家開發的
健康照護App的法人業務
【在公司內的地位】
擁有三名男性、五名女性共八名部
下的健康照護小組組長。部中有
五人年紀比她大。上司只有社長一
人。
【性格】
大阪人，配合度高，個性開朗。心
胸開闊，不會說謊。

我們作證！

前輩代表
佐藤愛沙（33歲）

寺田是位年輕的主管。不管職位為
何，面對比自己年長的人便用敬語
請教，這樣的態度從不改變。而且
總是全力以赴。讓人忍不住想要幫
她，是個很可愛的人。

部下代表
和田五月（29歲）

三年前開始一起共事，是個和我同
年、可以倚賴的上司。站在前頭擋
子彈、負責到底的態度，正是理想
的上司。由於她為人隨和，容易找
她商量事情，這對我幫助很大。

09 讓人忍不住想要幫她
「請妳教教我」的基本態度

前輩談：「『若有不放心的事儘管說』、『今後也請多多教導』。聽到
寺田這樣說會讓人忍不住幫她」。

本人談：「即使是部下，對年紀比我大的人我還是會使用敬語。也許這
是很普通的事，但就因為普通才要認真遵守」。

讓人想支持！

想跟隨！　　好做事！

公司裡最受人喜愛的人
平常會做的15件事

38

13 就是這樣才會想跟她說
反應很大

部下談「寺田小姐不知道是不是因為是大阪人，總之她的反應很大。『有在聽我說話』的感覺讓人很開心，就會忍不住告訴她很多事」。

本人談「我不會刻意做出反應，但我認為有人跟你說話時，停下工作看著對方的眼睛，『不管怎樣就是聽』，這樣的態度很重要」。

14 剛才是我不對！
承認錯誤立刻道歉

部下談「她曾經在提醒我時跟我道歉：『剛才我講話的方式不對！對不起。』我心想，這人真的非常誠實、可以信任」。

本人談「心不從容，有時就會忍不住情緒激動……這是我要改進的部分。意識到自己不對，我當場就會馬上道歉」。

15 有關工作的資訊和狀況
簡單明瞭地與所有人共享

部下談「我們會依照她的方針，將『現在誰在做什麼、狀況如何』與小組所有成員共享。知道別人在做什麼就有可能互相幫助」。

本人談「我會利用可經由個人電腦輸入的工作管理工具掌握全體組員的狀況。依據每個人的狀況盡量公平地分配工作」。

10 讓人願意乖乖聽從的話術
忠告要連同支援、
掩護和感謝一起

先輩談「她給建議時會先說『是我認識不足，不好意思』的話，用『一直以來謝謝妳』的感謝結束。讓人覺得不能不用工作來報答她」。

公司的辦公桌採取四人面對面的配置。「可以一邊工作一邊看見部下的表情，對我幫助很大」。（寺田小姐）

11 欸？有困援？
察顏觀色，
時常出聲詢問

部下談「當寺田組長問我『需要幫忙嗎？』，我都會很訝異『妳怎麼知道？』，每次都猜對。她會撥出時間幫我出主意」。

本人談「以前前輩為我做令我很感念的就是問我『需要幫忙嗎？』。所以我會觀察對方的神色，覺得對方正在傷神、無精打采時，就會馬上跟他聊」。

12 ○○可能會喜歡！可能會很高興！
記住「喜好」
買來慰勞對方

前輩談「她對別人的嗜好和喜歡的食物的記憶力驚人！出差或私生活中，發現我們可能會喜歡的東西就會買回來送我們」。

對於鐵道愛好者，會送他有站名的FRISK 薄荷糖。

不再被職場的頭疼人物攪亂心情！

工作和人際關係的壓力常常會引發自律神經失調。
學會如何應付職場中令人頭疼的人物，心平氣和地過生活吧！

TYPE 1

因為工作和人際關係
容易怒上心頭的人

常常負面看待工作和人際關係上發生的事的人，自律神經容易紊亂。「只是被上司訓斥一次就認為『上司討厭自己』，或對蹺班的同事感到生氣。慢性不安和憤怒很容易摧毀自律神經的平衡」。

＼ 職場壓力 ／

自律神經容易被職場壓力攪亂的是這種人

TYPE 2

承接大量工作
過度拼命的人

一心一意地工作，接下超出容許量的業務的人要小心。「這種人很可能陷入無法自覺到情緒和壓力的『述情障礙』。有時還會剎車失靈過度拼命，導致自律神經紊亂，突然出現暈眩、食欲不振這類身體的症狀」。

請教專家

東急醫院心療內科
主任醫師
伊藤克人

筑波大學醫學專門學群畢業。經過東京大學醫學院附屬醫院分院精神科的歷練，1986年起轉到東急醫院服務。專攻身心醫學、產業醫學、森田療法。擔任監修的書籍有《自律神經失調症を改善する特効法101》（主婦と生活社）。

負面思考和過度拼命都會變成壓力

職場人際關係造成的精神上壓力和過度勞動所導致的身體上壓力，會打亂自律神經的平衡，引起各種身體不適。從事自律神經失調症等治療的心療內科醫師伊藤克人先生指出：「自律神經容易受壓力影響的人，有兩種典型的類型」。「一種是常常負面看待事物的人；另一種是理想很高，過度拼命的人。原因不明的頭痛、暈眩和心情低落等的人，很可能因為這一類的壓力導致自律神經紊亂」。

控制自己的情緒和工作量、不累積壓力，對調整自律神經很重要。

「這樣的資料不行，重做！」

只會批評的上司

妳是哪一類？

TYPE
2

過度拼命型

「最後關頭
掉以輕心…。
熬夜重做吧！」

TYPE
1

不爽型

「每次就只有我
被攻擊…。
徹底被他討厭」

要這樣處理！

對自己的上進心有自知之明，同時不勉強硬撐

被人指出缺點覺得不爽，證明妳「不願意承認」、「想學會、
做好它」。「認可自己的上進心，冷靜思考為達到目標應當做
什麼吧」。避免超載，從自己能力所及的事做起。

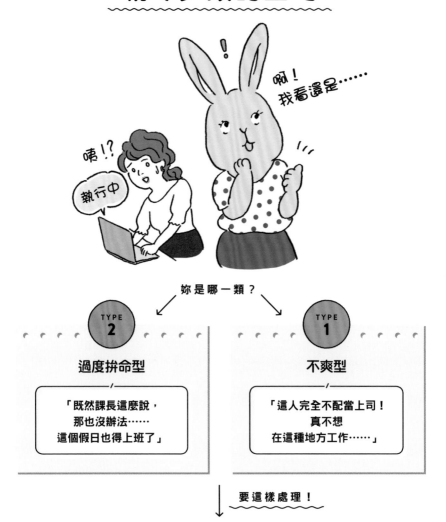

要這樣處理！

理解上司的意圖之後，告訴他實務現場的辛勞

任由上司擺布的話，會因為壓力而筋疲力竭。「這類型的上司多半對工作太過投入，沒有察覺到部下的狀況。坦白告訴他：『我很想有條不紊地推動工作，但因為指令變來變去很難做』，努力改變現狀」。

耗費數日製作資料

不會慰勞部屬的上司

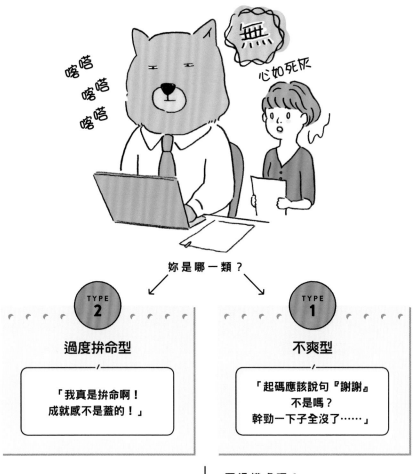

妳 是 哪 一 類 ？

TYPE 2

過度拚命型

「我真是拚命啊！
成就感不是蓋的！」

TYPE 1

不爽型

「起碼應該說句『謝謝』
不是嗎？
幹勁一下子全沒了……」

要 這 樣 處 理 ！

自己誇獎自己，同時小心不要工作過了頭

即使沒有上司的慰勞，工作所得的經驗將來肯定會使自己受益。「與其期待上司的慰勞，不如坦率地讚美『完成任務的自己』吧」。不過，要守住自己的步調，不要為了獲得成就感而拚過了頭。

「我今天無法加班……」

把工作推給別人的同事

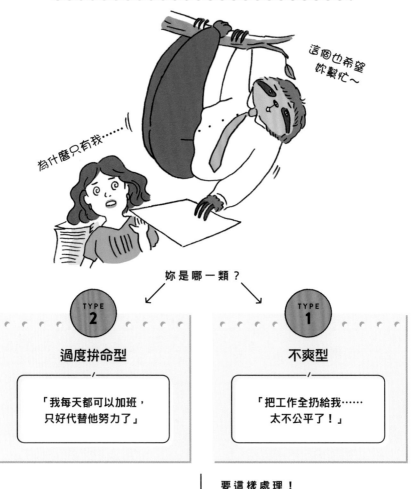

這個也希望
妳幫忙～

為什麼只有我……

妳是哪一類？

TYPE 2

過度拼命型

「我每天都可以加班，
只好代替他努力了」

TYPE 1

不爽型

「把工作全扔給我……
太不公平了！」

要這樣處理！

工作若超出容許範圍就要找上司談

這種情況就算直接對同事抱怨，解決的可能性也很低。假使
被迫接下大量的工作就要找上司商量，不要把不滿積壓在心
裡。「為免自己和同事的關係變尷尬，請上司調整工作量的分
配吧」。

對地位高的人諂媚，對下包業者冷淡……

因對象而改變態度的同事

那傢伙～

轉身

您辛苦了！

嗯、嗯…

妳是哪一類？

TYPE 2

過度拼命型

「為了不輸給那種人，
我要更努力工作」

TYPE 1

不爽型

「要是那種人受到肯定，
我絕不接受！
我要去散布她的壞話」

要這樣處理！

不與人比較，「用自己的方式盡力就好」

妳之所以會對長袖善舞意圖提高自己評價的人生氣，是因為覺得「自己不被認可」。「專注於眼前的工作，用自己的方式持續努力，周遭的人就會肯定妳。漸漸的就不再介意只會討好上司的人」。

交出偷工減料資料的部下

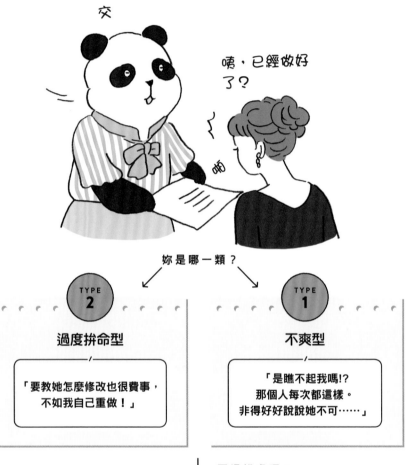

妳是哪一類？

TYPE 2

過度拼命型

「要教她怎麼修改也很費事，
不如我自己重做！」

TYPE 1

不爽型

「是瞧不起我嗎!?
那個人每次都這樣。
非得好好說說她不可……」

要這樣處理！

指導、幫她出主意等，做部下需要的處置

冷靜地辨明部下是「很努力做資料但只能做到這種程度」，
還是「故意偷懶」。「若是前者，要依據他的理解度給予指
導；後者的話要問明背後因素，是不是對工作量或工作感到不
滿之類的，適當地處置」。

「那件事一定要我做才行嗎？」等

打算拒絕工作的部下

妳是哪一類？

TYPE 2
過度拼命型

「我只能說
『這是工作就做吧』，
是不是？」

TYPE 1
不爽型

「在我的常識裡，
根本沒想過居然
能反抗上司的命令……」

要這樣處理！

弄清楚部下的不滿，邊慰勞邊請託

這類型的部下很可能對平日的相處抱持不滿。「回想看看自己平時有沒有好好慰勞部下。『你幫了我大忙』、『做得很好』等，利用這類會讓對方慶幸自己有做的話語可以改善情況」。

應付的人打交道 7 個行動

動不動就情緒激動的上司、講多少次還是聽不懂的後輩。
和這樣的人打交道怎樣才不會覺得生氣、心煩意亂呢？
傳授各位讓人際關係迅速變輕鬆的7個方法！

採取行動前！

有助與不擅應付、討厭的人順利交往的 3種心態

1 既然不能不打交道就下定決心面對

我們會為人際關係所苦，是因為對方是無法回避的人。「沒有必要喜歡對方，但若要不逃避地試著面對，首先要下定決心。關係的變化就是從這裡開始」。

2 自己的改變會縮短與對方的距離

「改變對方很難，任何人對此都有深切的體認。可是，只要改變自己和對方打交道的方式，就能改變兩人之間的距離。距離愈近，就愈容易理解對方」。

3 讓步不是輸，要把它看作自我成長

「自己主動讓步不等於輸給對方、比對方矮一截。只是『嘗試用不同於以往的交往方式』。社交的技巧提高，與自我成長息息相關」。

不必喜歡對方，在打交道的方式上動腦筋！

「要和自己不擅應付的人好好打交道有兩種情緒應當放下」。心理諮商師渡邊奈都子小姐說。首先是「喜歡、討厭」。

「一點也不需要喜歡對方，不過要下決心『雖然不擅應付，但要往來得更有技巧』，謹記著根據思考來行動，而不要被情緒帶著走。一旦受喜歡、討厭的情緒擺布，永遠無法達成目的」。另外一種情緒是「輸贏」。「與其等待對方改變，不如自己讓步設法改變相處方式，成功的可能性還更高。這不表示『妳輸』。關係若能改善，壓力就會減輕，並學會與不擅長應付的人好好相處的『一生受用的技巧』」。

請教專家

WELL-BEING 心理教育學院理事
渡邊奈都子

合格心理師。1998年開始舉辦有關心理諮商和心理健康方面的進修課程和講座。目前提供心理教育，深入淺出地教導大眾學習科學上證實能增進幸福的心理學；對想要愉快地工作的女性提供支援服務。著作有《しなやかに生きる心の片づけ》（大和書房）等。

焦躁的上司、有溝通障礙的後輩……

和自己不擅長
減少壓力的

能獲得
信任

ACTION
1

靜聽對方的
好消息，
同感歡喜

「特別是女性，覺得對自己的好消息感興趣、願意聆聽的人『值得信任』的傾向強烈」。渡邊表示。比方說，聽對方說自己升遷了便同感歡喜：『妳的努力被人認可，太好了！』會讓關係一下子變好。反之，絕對不能潑對方冷水：『感覺妳會變得很忙，很辛苦』，或搶走話題：『我還不是～』」。

好棒！

ACTION
3

心情平靜

怒上心頭時要
叫暫停

感覺憤怒快要一湧而上時，對自己「叫暫停」，暫時離開現場會很有效。「重點是要活動身體。光靠理智要控制自己的情緒極為困難。把背部挺直、屈伸一下、去上廁所、爬樓梯等，製造怒氣無法持續的狀況，改變心情吧！」

ACTION
2

讓對方
敞開心房

不批判、不否定
對方喜好的事物

當自己喜歡的事物或價值觀被否定，人會感覺自己遭到否定而產生嫌惡感，或把心封閉起來。「我們對自己不知道的事物會感到威脅。雖說如此，但只要我們表現出有興趣：『方便的話請妳告訴我』，就能拉近與對方的距離，自己的眼界也會開闊起來」。

ACTION 4

產生夥伴意識

喝酒交流不如
共同作業

愈是增加與對方交流的次數，關係便會加深。「話雖如此，但交流不是只有聊天。最有效的方法是共同作業。整理資料、打掃、出去採買等，選出一些可以大夥一起做的事。既然是做事，沒有交談也不會不自然，反而感覺更輕鬆」。

謝謝！

這裡我會收拾！

大家是如何應付自己 不擅長應付的人 呢？

不管怎樣討厭、起爭執，最後都能面帶微笑地分手。人際關係必須當天修復
（55歲・製造廠・內部通報窗口）

打招呼+一句話
（刻意聊季節、天氣，或問一聲「那之後還好嗎？」等）
（44歲・社福・社工師）

對對方的期待很高，就會為「他為什麼就是不懂呢？」苦惱，只要降低期待值，遇到一點小事就能正面看待「他連這種事都幫我做！」。
（24歲・IT・業務）

私底下不會和自己不擅應付的人往來。但與工作有關的事會開誠布公地談。
（41歲・獸醫師）

時時不忘揚起嘴角、保持微笑，有意識地跟對方說「謝謝」。
（45歲・通訊・企劃）

不贊同他對別人的中傷。以「啊、嗯、欸～」的方式撐過去。
（36歲・保險・銷售內勤）

ACTION

5

先接受
對方的拒絕，
思考自己的目的為何

對方不照著自己的意思去做，覺得不爽⋯⋯ 這是因為你把內心已有的「正確答案」強加於人，並想要控制對方。「比方說，妳請後輩幫忙製作資料，遭後輩以『很忙，沒辦法』拒絕時，可以問對方：『那什麼時候會有空？』、『分頭進行如何？』等，調整做法，用其他方法達成目的」。

ACTION

7

變得從容

對人親切，
提升幸福感

「親切待人，自己的幸福感會上升已獲得科學上的證實。大腦並會分泌催產素這種能舒緩壓力的快樂激素，使自律神經維持平衡。有意識地對人親切要比無意識的行為幸福度更高。幫人開電梯門、幫忙別人的工作等無關緊要的小事也OK」。

ACTION

6

心理素質
變強大

利用「睡眠」、
「飲食」和「運動」
增強抗壓性

為減輕煩躁感，平時就增強抗壓性很重要。「為此要提高睡眠、飲食、運動這三項的品質。睡眠不足會導致自制力降低。醣類偏多的飲食也會變得易怒，所以要注意營養均衡。而一般認為，養成一週150分鐘、一天大約20分鐘的運動習慣，幸福度會提高」。

壓力大的工作也可藉「書寫」克服！
對付發怒的人的專家「書寫技巧」

要承受別人怒火的工作壓力很大。但專家就是能夠化壓力為助力。
聽專家傳授記下別人對自己的怒罵，然後應用在工作上的祕計！

> 現在遇到「稀有」的怒罵會覺得很開心

30多歲 男性 (4/30)

別睜眼玩笑了 ×2

很煩吶！！

20多歲 女性 (5/2)

白痴

60多歲 男性 (5/2)

我和妳們社長、總理和××都
認識！通融一下！

妳當我是什麼人！

女人還那麼跩！

技
「不合理的客訴」也「收集」在筆記本上這樣就能自娛娛人!?

「一旦寫下來變成文字，感覺本來是罵自己的話立刻變得『事不關己』，被封進筆記本裡」。惡言的數量愈多「自己的級數便愈高」，用打電動的感覺來取樂。「遇到不常聽見的罵人句子，還會很高興『出現稀有的!!!!』」（笑）

30多歲・
在客服中心任職十多年的
「催收OL」

榎本まみ

把罵人句子收集起來客觀
看待頂尖話務員！

把在客服中心從事催收工作十多年的經歷畫成自傳式漫畫的榎本まみ小姐。菜鳥時代被不合理的客訴搞到快發瘋的她，因為一本收集客人平日辱罵的「惡言筆記」而改變。「連否定人格級數的惡言收集起來後，也能客觀地當作單純的笑哏看待，不會再動不動就受傷」。

心有了餘裕，就會開始注意惡言背後對方的心情。而當她一邊聽一邊記下對方的心情，準確指出對方怒氣的重點並道歉，沒想到被人理解心情平靜之後，竟然有愈來愈多滯納者乖乖繳費了。榎本小姐則搖身一變成為回收高額債權的頂尖話務員。

「處理過眾多客訴案件後我有了自信，原本不擅長主張自己的看法，現在也難不倒我」。

「遭人怒斥腦袋一片空白」的情況要用寫在便條紙上的「咒語」來對付

喂！
妳家的常卡片
害我丟多大的臉
妳知道嗎！

為了避免突然遭到客人怒罵，嚇到該說的話都說不出來，導致對方更加憤怒的事態發生，要把「該當說的標準說辭」寫在便條紙上，貼在辦公桌看得到的地方。「標準說辭是咒語。就算腦袋剎時一片空白，但念咒語時可以不必用腦。很快就能讓自己恢復冷靜，集中精神重整態勢」。

如果話筒突然傳出怒罵聲⋯

像念咒語般念出便條紙上的文字，其間就能重整態勢

我要查一下您的資料，能不能告訴我您的生出年月日和全名？

邊聽客訴邊記下關鍵字詞，尋找怒氣的關鍵點

今天	一大早	電話
山田	態度	說話口氣
昨天	無法使用卡片	
	銀座	壽司

客人震怒之下打電話來時，要邊聽他說邊冷靜地將關鍵字詞記在手邊的紙上。「把關鍵字詞串連起來，如『在銀座的壽司店沒辦法使用卡片。對今天早上接電話的山田的態度很生氣』等，尋找引發怒氣的原因。只要讓對方知道我們正確理解他生氣的關鍵點，對方的怒火多半就會平息」。

40多歲　女性　（4/25）
妳是跟蹤狂嗎？
30多歲　男性　（4/25）
社會的底層
50多歲　男性　（4/29）
放手一搏才發現
自己根本就是輸家
你們在做的其實是詐欺、是
犯罪，妳知道嗎？

收集愈多，
我的級數
就愈高！

───── 榎本小姐還收集這種東西！ ─────

✓ 用EXCEL統計上司的性騷擾言論

加註本人的姓名和日期用EXCEL統計上司的性騷擾言論。「將發言次數做成條狀圖，偷偷以『愈來愈多了』為樂，另一方面也可以作為一旦要控告時的證據」。由於公司裡盛傳「榎本在寫『死亡筆記本』」，性騷擾的言論因而有所收斂。

✓ 用記事本和貼紙計算朋友精神霸凌的發言

一再受到同一個人的言語傷害時，就在記事本上貼紙統計次數。「次數一旦被可視化，可能會發現『次數比自己以為的少。也許是被害者意識過於強烈』而能冷靜下來，或是發現『多半在前半個月』，探究其傾向，可進行壓力管理」。

與麻煩女子 往來順利的方法

常言道「女人的敵人是女人」，不少人都為女性間的人際關係所苦。
因此我們將依類型，徹底剖析心思細膩又複雜的「女人」這種生物。藉由客觀理解其深層的
心理，回避多數女人之間的糾紛，將情況扭轉成「女人的朋友是女人」！

為免「女性疲勞」
心 要有餘裕

為了不對女性特質強烈的人有反應、不與之對抗，心必須從容不迫。「為此要照顧的是身、心、腦（思維）三方面。沒有時間時就專注於最容易實際感受到效果的心靈保健」。

身體的療癒

☑ 按摩

☑ 蒸氣浴

☑ 運動

心靈的療癒

☑ 有意識地藉由
電影大哭一場

☑ 找人傾訴

頭腦的療癒

☑ 看書

☑ 把想法寫在
記事本上

請教專家

合格心理師
山名裕子

開設「山名心靈保健咖啡館」，擔任代表。提供人際關係、壓力護理、職場等各種煩惱的諮商輔導。專長為女性心理學和人際溝通心理學。經常上電視、雜誌等各種媒體。

《歡迎來到麻煩女子劇場：看懂女子內心戲、破解相處障礙的心理觀測技巧》（台灣東販）

懂得女人的深層心理
便用不著焦慮！

「女人是細膩且複雜的生物」。合格心理師、諮商師的山名裕子小姐這麼說。經常跟別人比較、總是不安得不得了……次頁列出的女性特質中有多項符合的人相信不在少數。

「常常為女人之間的人際關係而感到焦慮、擔憂，就是自身『女子度』很高的證明。有這樣的自知之明後，只要了解麻煩女子的深層心理，知道該怎麼和她們相應，就能從『女性疲勞』中得到釋放」。

P.56起將依照山名醫師歸納出的類型，為各位介紹對付女性特質的方法。由於裡面有許多女性類型會讓人忍不住擊膝大叫「有、有、有！」，不妨將周遭令人頭疼的女人對號入座看看！

女人就是這樣的生物

總是不安得不得了

焦躁、鬱悶、動不動就哭……，情緒不穩定是因為女人容易感到不安。不安會變成「煩惱製造機」，擾亂情緒。

希望別人聽自己說話

女人希望別人聽自己說話最大的理由是，希望別人「同理」自己。藉由獲得「真是辛苦呢」之類的同理而感到滿足。

想贏過身邊的人

如果說男人想得到不特定的多數人認可，那麼想在親近的人之間受到肯定的則是女人。想在同一個部門或要好的群體中當第一。

經常和別人比較

年紀、美貌、財力、人脈等，拿別人和自己做比較，並且想要處於「優勢」，這就是女人。「比較對象通常是自己身邊的人」。

喜歡喜歡自己的人

「女人很善於察覺別人的心理，對別人的情緒很敏感。一旦感覺對方喜歡自己，便也會喜歡對方，反之亦然」。

很喜歡自己被人分析

「女人總是覺得不安，害怕面對自己」。所以才會容易對「從客觀的角度分析自己的人」放鬆警戒、予以信任。

➡ 和麻煩的「女人」要這樣打交道！

鐵則 1　讓她覺得妳「不是敵人」

讓對方處於「優勢」，表現出「我不是妳的敵人」，會讓關係順暢。「最好聊失敗的經驗而不要聊成功的經驗。讓自己保持在不會成為對方的競爭對手的位置上」。

鐵則 2　不說別人壞話

女人是很容易感到不安的生物。因此才對表裡一致的人感到放心。「對不說別人壞話的人尤其信任。要謹記著不論對方怎樣用話套妳，都不能上當」。

鐵則 3　用讚美表示善意

要利用感受到善意就會想回以善意的心理。「讚美」很重要的一點是，不能讓人感覺只是耍嘴皮子。要穿插如「妳盡力了」等貼近對方感受的讚美。

往來順利的祕訣

愛說人壞話的女人 TYPE 1

我只跟妳說……

其實她說過那樣的話！

聽說A在搞外遇！

那女生個性很差是不是

很諂媚是吧～

我懂～非常能體會～

特徵

- ☑ 總是在說別人壞話
- ☑ 提到別人基本上都是負面話題
- ☑ 明褒暗貶

深層心理

- ☑ 有嚴重的劣等感情結
- ☑ 對自己沒信心，感到自卑
- ☑ 想藉由說別人壞話獲得平靜

對付之道

壞話是用以保護自己的盾牌
不贊同對方是鐵律！

對愛說人壞話的女人來說，壞話是保護自己的盾牌。當中也有些人其實不知道自己在中傷別人。「附和她，她便可能在其他場合告訴別人妳說過那樣的壞話。假裝遲鈍地回她：『真的？』、『我都不知道』等才是上策」。

殺手句

原來是這樣啊。
我很遲鈍，
所以完全沒感覺……

類型別 **與麻煩女子**

情緒不穩定的女人　TYPE 2

可惡 監控SNS

我和他非常恩愛！

這不是見異思遷嗎！？

特徵
- ☑ 情緒的起伏很劇烈
- ☑ 出於妄想的成見很強烈
- ☑ 半夜突然來電、在SNS上發長文

深層心理
- ☑ 掉入妄想而感到不安的惡性循環
- ☑ 希望別人理自己，但又怕別人過分干預
- ☑ 自律神經紊亂導致情緒起伏

對付之道

溫柔的人容易被捲進去！
不要從正面認真接下對方的情緒

情緒的起伏是由對方的性情和壓力造成的。「個性溫順的人愈容易被情緒牽著走。訣竅是不要認真以對。聽的時候只要重複對方的話表示同理，就會像是有認真聽的樣子。她不需要妳的建議」。

殺手句

是喔，公司的前輩挖苦妳？
真是糟糕。
不過妳竟然沒氣餒，
辛苦了！

好鬥 的女人

 TYPE 3

特徵	深層心理
☑ 對人的好惡強烈	☑ 渴望愛情
☑ 時而諷刺、中傷，時而批評人	☑ 對自己缺乏自信
☑ 拿新人和年輕女孩沒輒	☑ 戒心很強

對付之道

避免被看作「敵人」
懷著善意與她相處

這類型的女人十之八九渴望愛情，對自己缺乏自信。如果自己被當作攻擊的對象，要刻意主動靠近，展現「我想和妳好好相處」、「我不會在背後捅妳一刀」這樣的態度。「一旦表達出愛意，攻擊性就會漸漸減弱」。

殺手句

「我照著○○教我的
去做就成功了！
謝謝妳！」

TYPE
4

自稱**爽快**的女人

我就是這樣的性格不是嗎？
所以才會受女生歡迎

特徵

- ☑ 自豪自己受女生歡迎
- ☑ 很怕意見被人否定
- ☑ 喜歡爽快的自己

深層心理

- ☑ 對自己沒自信
- ☑ 嫉妒心重、執念很深
- ☑ 骨子裡超級女人

對付之道

與「爽快」完全相反的個性。
巧妙地讓對方有面子、籠絡對方

遭到指摘會爽快地認錯、道歉的才是「真正爽快」的女人；會惱羞成怒的是「自稱爽快」的女人。嫉妒心重、執念深，但又「自稱大姐大」，所以很喜歡別人找她商量事情。由於會親如家人地給予建議，好好地籠絡她才是上策。

殺手句

謝謝妳的建議！
妳說的確實沒錯。
跟妳談過心裡就舒暢了。

自說自話的女人

啊，我知道那個！
我的情況是啊～
然後……

是喔～

特徵

- ✓ 心不在焉地聽別人說話
- ✓ 常常自誇
- ✓ 別人在談話時愛插嘴

深層心理

- ✓ 認同需求強烈
- ✓ 喜歡自己是主角
- ✓ 自以為很會傾聽別人

對付之道

只會聊自己的事的偷話賊！
有必要幫忙拉回原本的話題

搶走別人的話，沒完沒了地聊自己的女人並不知道自己令人感到不快。一群人時，要幫忙被搶話的人：「○○剛才說的事後來怎麼樣了？我想聽後續」。只有兩人時，要稍微點一下，讓她知道自己是偷話賊。

殺手句

妳這人好會說話！
我也想找人聊聊，
下次要聽我說喔。

凡事委託別人的女人

每次都麻煩你，不好意思～

特徵

- ☑ 逃避幹事之類的麻煩事
- ☑ 不擅長主持場面
- ☑ 用「謝謝」克服困難

深層心理

- ☑ 認為由擅長的人去做就好了
- ☑ 想省事
- ☑ 不懂別人的辛苦

對付之道

製造強制性不能不做的
情境是關鍵！

對於「凡事委託別人的女人」，只要制定職務輪換的規則就能避免壓力和同事間的不和。「也有人是極端害怕失敗，所以不妨跟她說『我們一起做吧』，給她支持。還有人累積經驗之後產生自信，擺脫凡事委託別人的習慣」。

殺手句

大家應該都很忙，
而幹事這工作其實也很累人，
所以從下次起
就照順序輪流當吧！

太考慮別人
而疲憊

老是看人臉色，
戰戰兢兢

自己沒錯
卻動不動就說
「對不起」

讓「超敏感女子（HSP）」心情變輕鬆的方法

光是和別人在一起就會筋疲力竭。對所有事物都很敏感，活得很辛苦。
有這種煩惱的人也許就是有HSP（Highly Sensitive Person）之稱的「超敏感女子」。
讓HSP的人減少因人際關係產生壓力的方法指的是什麼呢？

何謂HSP

細膩易感、容易受傷的氣質

\ 這樣的人要注意？ /

想太多	一點點刺激也能敏銳地察覺
各種刺激加在一起，使嗅覺和聽覺等過度反應	共感能力強、容易贊同別人

↓

有時還會導致不安、恐慌、抑鬱、暈眩等的症狀

請教專家

十勝睦美診所院長
長沼睦雄

精神科醫師。北海道大學醫學院畢業。曾任北海道兒童綜合醫療・療育中心兒童精神科醫師、道立綠丘醫院兒童及成人精神科醫師等，之後自行開業。診斷過許多屬於HSP氣質的人。著有《敏感すぎて生きづらい人の こころがラクになる方法》（永岡書店）等多本著作。

認識到自己容易受傷
尋找復元的方法！

感受性比別人更強、容易受傷。這樣的人很可能就屬於對一切都很敏感的HSP氣質。

「HSP的人做事很拚命，心思細膩，共感能力強，會體諒別人，有時會過度察顏觀色，或別人在生氣也覺得和自己有關。日本人每5人就有1人是HSP，以30、40歲的女性居多」。精神科醫師長沼睦雄說。

這樣的人要不為人際關係感到壓力，必須不自責、不自卑。

「先理解這種氣質不是依賴也不是脆弱，而是很敏感，容易對刺激做出反應，接納這樣的自己。然後再減少周遭的刺激，如製造能夠自己一個人獨處的空間、用耳機阻斷外界的聲音等，保護自己」。

我現在有別的案子忙不過來，後天之後吧！

這案子妳能不能幫我？

TYPE 1 拒絕不了別人

↓ 要這麼做！

不要害怕被人討厭，傳送「我的訊息」讓對方知道「我是這樣感覺」

「HSP的人自我肯定感很低。擁有不怕被人討厭的決心，對認識『自己和他人同等珍貴』、以自己為優先很重要。把自己的感受告訴對方吧！」

TYPE 2 不敢請別人幫忙

↓ 要這麼做！

告訴自己「妳可以依賴別人」

「責任感重、完美主義且一板一眼的人，對自己說些安撫的話很有效。『保持這樣就好，妳已經努力過了，一直以來謝謝妳，沒問題的』。能夠這樣之後，再由小的請託開始」。

TYPE 3 容易被好鬥的人的話所傷

↓ 要這麼做！

別露出怯弱的樣子，堅定地說出自己的想法

對於攻擊自己的人，示弱和對抗都是錯的。「看著對方的眼睛微笑，承認對方，讓對方心情變好之後再說出自己的意見。只要他覺得妳意志堅強，就不會成為他攻擊的對象」。

TYPE 4 與人相處過後就極度疲累

↓ 要這麼做！

製造一個可以保護自己的空間

「跟人在一起很容易感到疲憊的人，是因為身體一直在對抗壓力。製造可以一人獨處的空間＝保護自己的安全基地很重要。在辦公桌放置喜歡的物品或區隔物，阻斷與四周的連結」。

利用禪式思維，不再受人際關係折騰！

工作和生活中人際交往的煩惱無止盡。
這種時候最好的辦法就是「臉皮變厚」。
我們訪問了說「所有禪僧都是厚臉皮」的住持，請他給我們提示。

禪式思維是指……

用自己本來的 面目活著

能夠露出真實的自己與人交往。
這是基於禪學思想的人際關係之本。
「尤其是網路世界，
常常會製造出一個對方會滿意的自己。
而活出真實的自己很重要」。

請教專家

曹洞宗德雄山建功寺住持
枡野俊明

大學畢業後在大本山總持寺修行。並從事扎根於禪學思想和日本傳統文化的「禪之庭」創作。主要著作有《傷つきやすい人のための 図太くなれる禅思考》（文響社）、《心配事の９割は起こらない》（三笠書房）等。

只要練就「厚臉皮」，
心便瞬間解脫

「會為人際關係受傷、苦惱，就是因為太敏感」。說這話的是禪僧枡野俊明。「不論發生任何事都不為所動，能夠這樣厚臉皮就輕鬆了」。即使是和感情要好的人，有時也會發生不愉快、被他的話刺傷。即使那當下覺得難過，也能很快地想開、不放在心上。這就是枡野先生所說的「厚臉皮」。

禪的教誨對練就這樣的厚臉皮很有用。「只要每天在生

不要「被動式」的交往

我老是被迫做一些無關緊要的事；那人根本不理解我。不論工作或人際關係，一直用被動的角度去思考就不會改善。只要抱著「他媽的」這種不甘示弱的精神，積極地想要讓對方理解自己，任何狀況都有辦法改變。

偶爾要切斷關係

最讓心靈受拘束的是人情羈絆。像是明明不想卻要參加的聚會，或是因慣性而一直持續的人際交往。能斷然放棄當然很好，但如果很難做到，建議規定自己「三次只出席一次」之類的。

不說「可是」

「可是」是否定對方的話語。即使想法和自己不同也要先表示認可：「是的。你說的沒錯」。之後再說出自己的意見。而且用在自己身上的話，會變成自己不採取行動的藉口。不說「可是」，積極向前，是事情順利成功的祕訣。

活中實踐，心自然會變得『厚實』」。這並不困難。只需平時不要再過度在意一些事。這次枡野先生給我們9個提示，可以一點一點慢慢來，試著實踐看看吧。

ZEN
THINKING

不對別人要求
完美

不過度要求。這是讓人際關係順暢運作的祕訣。不要求完美就能對他人寬容。世上沒有人具備你所要求的一切。上司和部下自不在話下，親兄弟、丈夫、孩子，就連自己也不可能完美。

不作預測

再怎麼預測，人際交往都不會照著事先的計畫走。大略思考一下，其餘的就隨當下的氣氛應對。人際交往可以如天上的浮雲，隨風飄往各個方向。

不掩飾弱點

禪語「露堂堂」是全無隱藏，呈現真實的自然樣貌之意。一旦掩飾弱點，無論如何就是會常常提心吊膽。坦蕩蕩地展露真實面貌，爽快地活著更能增添魅力。

別對自己的
短處太敏感

我們很容易意識到自己的短處，但要改善可不簡單。人一定有長處。發揮長處得到的效果要大得多。假使臉皮能厚到不看短處，只聚焦在長處上，肯定能拉高妳獨有的魅力。

不以 得失看待 人際關係

和這個人交往有好處嗎？……這樣的想法有如人類的業。一旦拘泥於得失，心便受拘束。既然如此，不如把它看作「緣分」，不是得失。若能照著「把獲得的緣分充分用盡」這樣去做，人際關係就會變得豁達。

不與正在氣頭上的人 同台較量

以憤怒對付憤怒和突然退縮都是不對的做法。不與對方爭，以溫和的表情（禪語說的「和顏」）面對，不久對方應該就會有如唱獨角戲一般，覺察到自己的失態。

\ 我們 /

重新檢視人際關係後，
都變輕鬆了！

實際上該如何重新檢視人際交往的情形呢？
日經WOMAN的讀者將與各位分享捨棄或不再花時間交際應酬的好處。

VOICE 1 整理IG的追蹤對象

「放棄追蹤凸顯自己是閃亮媽媽或積點達人的IG帳號之後，現在只會收到真正想知道的資訊」。（33歲・建設・開發）

VOICE 2 只保留午餐和1年1～2次的聚餐

「和同事有午餐的交流就夠了。聚餐也減為一年1～2次。使得花在興趣上的時間和睡眠時間相應增加，幸福感上升」。
（49歲・通訊・內勤）

VOICE 3 告別酒肉朋友

「不再和只是一起吃吃喝喝的朋友交際應酬。把無意義的花費和時間用在自己身上，既可儲蓄，壓力也沒了」。
（46歲・IT・技術支援）

VOICE 4 聚餐不再續攤或改成午餐會

「提不起勁參加的聚餐就不續攤。不想參加的晚餐聚會也改成午餐會。全部推掉的話難度很高，所以還是會盡義務，同時也變得比較輕鬆」。（45歲・服務・內勤）

VOICE 5 不把聯絡方式告訴別人

「現在盡量不把聯絡方式告訴別人，只有極少數的人知道。藉由這種方式讓自己感覺不到意義又有壓力的人際交往自然減少」。
（34歲・公務員）

VOICE 6 減少假日的網友聚會

「重新檢討後，降低以前幾乎每週參加的假日網友聚會頻率。現在不但聚會前的期待感增加，也能珍惜日常與家人團聚的時光」。
（35歲・教育・內勤）

VOICE 7 每年減少寄賀年卡

「決定元旦時沒有收到對方的賀年卡，那麼隔年以後自己也不再寄賀年卡給對方。因為這樣得以每年減少寄賀年卡的對象」。
（32歲・教育・櫃台）

PART 3

了解原因並進行最佳照顧

消除「莫名不適」的計畫

總覺得今天身體狀況不佳，不舒暢……這種莫名的不舒服可能是自律神經和女性荷爾蒙搞的鬼。現在就要採取對策，結束得過且過的生活。讓我們保持健康和美麗地度過快意的每一天吧！

身體保健專家只做「有益的事」！
身心不疲倦的人的時間分配

女醫師、營養管理師等身體和心理的專家們平時只做「真正有益的事」，所以才能不浪費時間和金錢又常保身心健康！

內科醫師
×
消除疲勞的保健法

疲勞不累積！

「胸式呼吸」&
勤做關節伸展操

疲　勞容易累積的早田輝子醫師時時不忘利用空檔做伸展操。「利用牆壁做伸展、轉動腳踝或四股踏，經常鬆弛身體，改善血液循環，會讓人不容易疲倦。感覺煩躁時，藉由深層的胸式呼吸，把氧氣送到全身，連心情都會舒爽起來」。此外還透過以蔬菜為主的飲食，和依身體狀況服用中藥，從體內進行保養。「不要把疲勞和壓力帶到明天」。

早田醫師利用空檔時間做的
「消除疲勞伸展操」

1 利用牆壁
展開肩膀的關節

雙手舉高，緊貼在牆上，讓肩膀的關節展開。「同時慢慢將頭部往後仰，伸展頸部。對改善血液循環，預防肩頸僵硬很有效」。

2 藉由胸式呼吸
將氧氣送到全身

想像把胸腔擴大，做深層的胸式呼吸。「優點是能使用整個肺部，有效率地將氧氣送到全身。使老舊廢物排出體外，消除疲勞，讓人精神充沛」。

40歲

女性生活診所新宿院長
早田輝子

內科醫師、循環系統專科醫師。2001年昭和大學醫學院畢業，進入該校的循環系統學教室。2014年就任設在新宿伊勢丹內的女性生活診所新宿院長。育有二子（10歲和6歲）。

早田醫師的時間分配

START!

7:00

用食材眾多的味噌湯補充維生素和礦物質

一道湯品即可攝取到蛋白質、礦物質和維生素。每天早餐必定喝一碗內含眾多食材的味噌湯。

飲食祕訣

5:30

用白開水和水果喚醒身體

起床後先喝一杯白開水，讓腸胃清醒過來，然後再吃草莓、奇異果之類的水果補充維生素。

飲食祕訣

9:00

服用能有效消除疲勞的「補中益氣湯」等中藥

「補中益氣湯」對減緩倦怠感和體力下降很有效。並會依據身體的狀況，服用可有效改善腸胃不適的「真武湯」，或消除浮腫的「五苓散」等。

12:00

自製便當，攝取多量的蛋白質

為免血糖升高，會攝取較多的蛋白質和食物纖維，以防飯後想睡。

飲食祕訣

17:00

維生素B和胺基酸含量豐富的甘酒溫熱地喝，補充營養

想吃甜食時會選擇營養豐富的甘酒。「混合熱豆漿也很好喝」。

15:00

以起司、杏仁小魚乾或堅果類取代點心

肚子餓食時會吃富含食物纖維和維生素E的水果乾和堅果類。不吃醣類。

飲食祕訣

飲食祕訣

19:00

利用壓力鍋的省時食譜攝取「能有效消除疲勞的蔬菜」

常用壓力鍋加熱根莖類，搭配生菜沙拉或炒菜。「也會積極攝取薑、味噌等能消除疲勞的食材」。

飲食祕訣

21:00

加入可使人心神放鬆的樹木系芳香精油泡澡

滴幾滴檀香、德國洋甘菊等具有放鬆效果的芳香精油在浴缸裡，浸泡20分鐘以上。

心靈保健

GOAL!

22:30

利用瑜伽動作鬆弛身體後就寢

22點半上床睡覺，確保7小時的睡眠。「睡前會做瑜伽舒緩身體，消除白天的疲勞」。

促進睡眠

關口小姐的 **時間分配**

START!

7:00
起床。時間充裕時會跑步和泡澡

時間充裕的早晨會先跑大約30分鐘，泡個澡流一身汗。「持之以恆就能練就耐久力，變得不容易疲倦」。

增強體力

8:00
用發芽豆漿拿鐵補充大豆異黃酮

早餐是發芽豆漿拿鐵。咖啡加入發芽豆漿，並添加可補充食物纖維和乳酸菌的粉末、荏胡麻油。「開始喝發芽豆漿之後，皮膚的光澤明顯變好」。

荷爾蒙保健

9:00
肚子餓時吃優格

「濃醇的裏海優格正適合當點心。其甜味來自不易使血糖上升的奧利多寡糖和蔗糖，再加上蜂蜜」。

飲食秘訣

營養管理師 ✚
× 荷爾蒙保健法

食用可提高女性荷爾蒙的食材，更年期也不怕！

48歲

料理研究家、營養管理師
關口絢子

川村短期大學食物學科畢業。根據自己利用飲食克服身體狀況不佳的經驗，以「由飲食做起的抗老化」為題，為大眾介紹有助女人一生持續綻放光采的飲食法。

20、30歲為經前症候群、40歲為更年期的不適所苦的關口絢子小姐。「知道原因出在荷爾蒙失調之後，我開始積極攝取能促進女性荷爾蒙生成的大豆製品等的食材」。45歲左右當身體持續感到倦怠，我不斷飲用營養價值高的發芽豆漿之後，症狀就好了，變得能夠睡好覺。家裡也常備抗老化效果高的食材（荏胡麻油等），和抗氧化力強的蔬菜。「藉由練肌肉和跑步促進成長荷爾蒙的分泌，皮膚問題也沒有了」。

15:00

荷爾蒙
保健

用豆漿甘酒&有益身體的
點心填滿肚子

午後的點心也吃得很健康。「發芽豆漿和甘酒混合成的豆漿甘酒甜度溫和。牛奶可補充維生素E，葉黃素組合則消除眼睛疲勞」。

12:00

午餐是預做的
小菜&湯品

飲食
祕訣

由於晚上常有聚餐，中午便在家簡單吃。「蔬菜富含維生素和纖維質，多吃沒關係。也會吃根莖類攝取醣類」。

16:00

有時間時會預做多樣
以蔬菜為主的小菜

「顏色深的蔬菜抗氧化力高，所以我會把多酚含量高的紫色蘿蔔做成奶油燉菜或涼拌菜活用。竹筍和金時芋做成水煮菜」。

飲食
祕訣

關口小姐常備的
「提高女性荷爾蒙食材」

發芽豆漿富含作用與女性荷爾蒙相似的大豆異黃酮，和能促使腦部放鬆的γ-丁氨基酪酸。荏胡麻油含有具抗發炎作用的Omega-3；芝麻粉含有維生素E；牡蠣含亞鉛；油漬沙丁魚含有可預防骨質疏鬆的維生素D。

芝麻粉

荏胡麻油

油漬
沙丁魚

發芽豆漿
「VITAFLAVONE」

冷凍牡蠣

19:00

肉類、蔬菜加黑米，飽餐一頓

晚餐是番茄咖哩雞，和事先煮好冷凍起來的摻有黑米的飯。「晚餐時攝取少量醣類，似乎會成為睡眠中恢復身體功能的能量來源」。

飲食
祕訣

22:00

閱讀飲食方面的
書，收集最新
資訊

藉由讀書更新飲食方面的知識。「我會挑選資訊，選擇盡量不偏離自己的方針」。

《「糖化」を防げば、あなたは一生老化しない》（久保明著／永岡書店）、《シリコンバレー式 自分を変える最強の食事》（Dave Asprey著／ダイアモンド社）

GOAL!

23:00

利用俯臥支架
鍛練身體

俯臥支架讓人可以有效率地做伏地挺身，鍛練軀幹。「鍛練肌肉會促進成長荷爾蒙的分泌，並具有美化膚質的效果」。

緊實
身體

松島小姐的**時間分配**

START!

7:00

起床後喝杯水補充礦物質

「我嘗試過各種水，最滿意的是可補充鈉、鈣等身體所需礦物質的『礦泉水』」。

8:00

大步&快步走路通勤。邊走邊注意四周的招牌，鍛練「周邊視覺」

「通勤時刻意消耗熱量，跨大步快走。行進中有意識地瞬間看懂招牌，強化『周邊視覺』。慢慢就能用寬闊的視野理解事物」。

心靈保健

©PIXTA

臨床心理師 × 心靈保健

做眼睛體操不讓壓力留下！

45歲

國際心理視覺訓練協會代表
松島雅美

首創心理視覺訓練，並對職業運動員進行指導。著有《1日5分でアタマとココロがすっきりする眼球体操》（セブン&アイ出版）。每月舉辦入門講座。

松島小姐「平時經常做的眼睛體操」

1 利用「眼球運動」活化大腦的前額葉皮質

視線焦點依序對准左右五隻手指的眼睛體操，「會讓情緒處理變得比較容易」。雙手手掌張開往前伸，與臉部保持30公分的距離，先左手再右手，只用眼睛依大拇指、食指、中指……的順序看下去。

2 用「周邊視野」擷取大範圍的訊息，使關照更加全面

視線焦點一直放在紙張中央，同時閱讀四周的文字。「一次擷取的訊息量會增多，關照力提升」。

3 交互看前看後，學會「迅速對焦」

「視線不易對焦的話，注意力也會難以持續」。將大拇指前後錯開豎立在面前，交互看大拇指。一開始可以很慢，徹底對焦後再看另一隻大拇指。

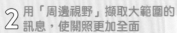
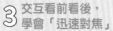

11:00
抬頭看天花板，伸展頸部和眼睛

「長時間前傾會使血液不易流往腦部。抬頭看天花板兼伸展頸部、用眼睛追索天花板上的線條等，大範圍地活動眼球」。

心靈保健

9:00
在有著自己喜歡的花和香味的空間裡展開工作

選用的香味是紅酒香。「放置能讓各個感官覺得『愉快』的物品也是一種心靈保健」。

心靈保健

13:00
利用喜歡的香味恢復精神

我很愛用花卉類的護手乳。「香味會對自律神經產生作用，具有提升工作效率和放鬆的效果」。

心靈保健

19:00
以含有能舒緩緊繃的花生四烯酸和色氨酸的食品當晚餐

「比方說，廣島燒能同時攝取到含花生四烯酸的豬肉、蛋，及含色氨酸的起司等」。

心靈保健

15:00
熱敷疲憊的眼睛和頸部的休息時間

「動眼神經關係到眼球的活動，並具有副交感神經的性質。熱敷眼睛會啟動副交感神經，使人放鬆。頸部也熱敷的話效果更好」。

心靈保健

22:00
與愛犬的休息時間

邊看搞笑節目邊陪愛犬玩。「藉由笑和身體接觸撫慰一天的疲勞」。

心靈保健

GOAL!
23:00
用TEMPUR的床墊就寢

「睡眠時間是身心健康的根本。睡TEMPUR的床墊讓我的睡眠品質提高了」。

增進睡眠

腦會控制我們的心靈。「假使大腦很健康，能夠適當地處理訊息，心就不會被不安和緊張所左右」。松島雅美小姐說。

她想要推廣的保健法之一。「我們經由眼睛接收到的訊息占了八成。所以要做可擴大因電腦作業而往往變狹隘的視野等，改善眼睛功能的眼球體操」。感覺煩躁時，若能要做可擴大因電腦作業而往往變「去吃美食吧」等，採取讓心情愉快的行動，負面情緒就不會拖很久。「而且要重視可消除大腦疲勞的睡眠」。

這些不適的原因也許是「自律神經紊亂」!?

自律神經紊亂被認為會引發職業女性的各種不調。
一起來認識自律神經的運作機制，改善不適吧！

工作壓力

人際關係的糾紛和煩惱

金錢方面的不安、健康方面的不安

一旦承受壓力，交感神經就會極度亢奮

失戀、離婚

情緒壓抑

過勞

不規律的生活、睡眠不足

親近的人生病或死亡

慢性壓力很容易導致自律神經紊亂

肩膀僵硬、頭痛、渾身無力、煩躁、心情低落……自律神經紊亂對這類身體不適的影響巨大。自律神經是控制心臟、消化器官等身體各種功能的神經。無關自己的意志，應需要自動調節身體的功能。自律神經分為白天或緊張時功能活躍的交感神經，和休息或睡眠中功能活躍的副交感神經。

「兩種神經會根據環境、身體狀態、情緒等的情況接收來自大腦下視丘的指令，一面發揮作用一面取得平衡。不過一旦有慢性壓力或過度的壓力，就會持續釋出緊張信號，使下視丘的運作混亂。交感神經和副交感神經不再適當地發揮作用，引發身體各器官的各種功能失常」。東急醫院心療內科主任醫師伊藤克人說。

「刻意維持有助消除壓力原因的生活習慣和精神狀態，自律神經就會慢慢恢復平衡」。山王醫院精神科部長村上正人說。要記得妥善處理壓力是調整自律神經的關鍵。

請教專家

東急醫院心療內科主任醫師
伊藤克人 → p.40

順和會山王醫院心療內科部長
村上正人 → p.80

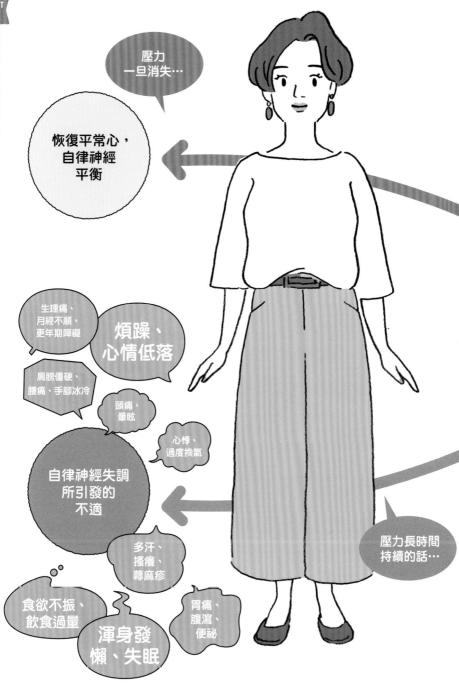

壓力一旦消失…

恢復平常心，自律神經平衡

生理痛、月經不順、更年期障礙

煩躁、心情低落

肩膀僵硬、腰痛、手腳冰冷

頭痛、暈眩

心悸、過度換氣

自律神經失調所引發的不適

多汗、搔癢、蕁麻疹

食欲不振、飲食過量

渾身發懶、失眠

胃痛、腹瀉、便祕

壓力長時間持續的話…

自律神經
有哪些作用？

自律神經

無關自己的意志，負責調控
身體各種功能的神經系統

交感神經

怎樣的情況會變得活躍？
- 緊張、興奮時
- 活動身體時
- 感覺有壓力時

交感神經處於優勢會如何？
- 大量出汗
- 心跳加速
- 腸胃功能受到抑制

副交感神經

怎樣的情況會變得活躍？
- 身心放鬆時
- 用餐後
- 睡覺時

副交感神經處於優勢會如何？
- 想睡
- 呼吸變緩
- 腸胃功能活絡

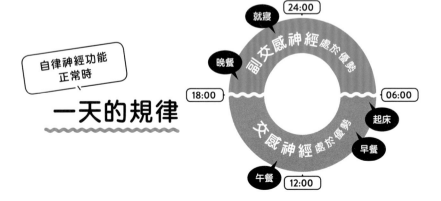

自律神經功能
正常時

一天的規律

24:00 就寢
晚餐
副交感神經處於優勢
18:00
06:00 起床
早餐
交感神經處於優勢
午餐
12:00

想到「可能出錯!?」立刻冒冷汗是何故？

當我們發覺工作上發生重大失誤，掌管理性的大腦新皮層會掌握緊急事態，
而掌管情緒的大腦邊緣系統會產生不安和緊張的情緒。這情緒會傳到下視丘，
下視丘再對交感神經發出指令使作用增強，分泌汗液。

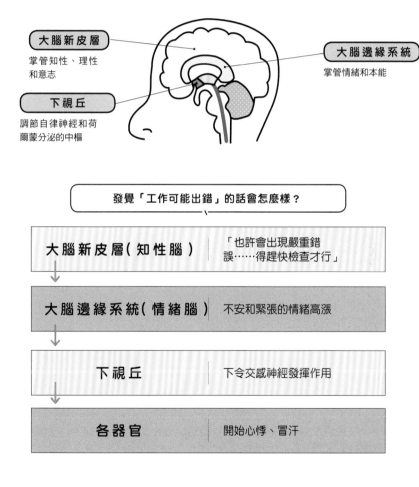

大腦新皮層
掌管知性、理性和意志

大腦邊緣系統
掌管情緒和本能

下視丘
調節自律神經和荷爾蒙分泌的中樞

發覺「工作可能出錯」的話會怎麼樣？

大腦新皮層（知性腦）	「也許會出現嚴重錯誤……得趕快檢查才行」
大腦邊緣系統（情緒腦）	不安和緊張的情緒高漲
下視丘	下令交感神經發揮作用
各器官	開始心悸、冒汗

若能軟化僵固的思想，身體和心靈都會變輕鬆
自律神經平衡！
改正「思維習慣」的方法

愈是會強烈受到壓力影響的人，自律神經愈容易紊亂。
藉由改變「思維習慣」掌握應付壓力之道吧！

重新檢視偏頗的思想，不使壓力增大

日常生活要面對各種各樣的壓力。處理得不好會打亂自律神經的平衡，有時還會出現倦怠感、抑鬱等種種的不適。

「自律神經容易紊亂的人承受壓力的方式大致分為兩種類型。把壓力膨脹到很大的精神官能症型，和忽視壓力而太過拚命的過度適應型。還有人同時具備這兩種類型」。山王醫院心療內科部長村上正人說。

他表示，不論哪一種類型，背後都存在「承受壓力的方式偏頗」問題。因此，村上醫師推薦的作法是「修

正思維習慣」。

「釐清自己在壓力增大時會陷入怎樣的思考模式，慢慢就知道『毛病』在哪裡」。

從常常無意識地出現的言行中自覺到思想的偏頗，應該稍微換個角度重新理解，讓該就能妥善地處理壓力，讓身體和心靈變輕鬆。請參考次頁起的類型別思維法，和改正思維習慣的方法。

精神官能症型

忽視

忽視

過度適應型

請教專家

順和會山王醫院心療內科部長
村上正人

日本大學醫學院畢業。專攻身心症、與壓力有關的疾病、慢性疼痛等身心醫學。並擔任國際醫療福祉大學教授、日本壓力學會副理事長。共同著作有《最新版自律神經失調症的治し方がわかる本》（主婦と生活社）等。

自律神經容易紊亂的
2種類型

TYPE 2
過度適應型

TYPE 1
精神官能症型

⬇ ⬇

容易引發
身體的不適

「凡事都想做到完美」、「想要達成目標」因而太過拼命的類型。「自以為抗壓性高，因而壓抑休息、睡覺這一類的需求。不適會表現身體上而非心理上」。頭痛、腹瀉、腹痛、月經不順等，症狀涉及許多方面。

容易引起
心理的不適

對雞毛蒜皮的小事或人際關係的壓力反應強烈，使問題愈來愈大的類型。「容易出現幹勁降低、慢性疲勞等的情況，但身體出現嚴重症狀的並不多，反而是心理的不適最為凸出」。感到強烈的不安或緊張，容易為心情煩躁或沮喪所苦。

⬇ ## 建議的思維法 ⬇

鍛鍊「適可而止」的能力

「過度適應型的人由於缺乏自信，打心底不相信『他人會接納自己』，因此容易為了得到很高的評價而勉強硬撐」。「不完整也沒關係」、「本來的自己也很好」，重新看待現在的自己，有意識地找出盡全力但不硬撐的「恰到好處」的狀態。

凡事「2：1」原則

對很小的壓力常常會以全面否定的方式理解的精神官能症型，「看待事物和人際交往都用2：1原則就會比較輕鬆」。村上醫師說。假設對方讓你不能接受的部分有「2」，那就找出「1」個你能接受的部分，相信這樣心情就會稍微平靜一點。

TYPE 1

精神官能症型的「思維習慣」改正法

 習慣 3

「尋找負面部分」的思維

經常這樣說

「他有時回 LINE
回得很慢，很不安…」

改成這樣吧

「一定是
因為工作很忙吧。
追個劇再等等」

敏於覺察事物負面的一面，在腦中想像悲觀的情節。即使被人稱讚也覺得「只是碰巧有好的結果罷了」，容易負面解讀。別只找不好的一面，養成發現好的一面的習慣吧！

 習慣 2

「全部否定」的思維

經常這樣說

「不結婚的話
絕對得不到幸福」

改成這樣吧

「就算沒結婚
也有辦法活得
幸福快樂」

僅僅一次的失敗就覺得「我老是失敗」等，只要遇到一件不好的事就強烈認定「人生所有事都會是這樣」。要意識到自己的看法偏頗，試著重新檢討「有沒有其他不一樣的想法」。

 習慣 1

「0 或 100」的思維

經常這樣說

「我討厭
那人的一切」

改成這樣吧

「我覺得那人的
○○很好，
但對他的很沒輒」

由於用0或100、好或不好兩個極端看待事物，因此一旦「討厭」一個人，與那人的所有接觸都會變成壓力。要想成「世上不存在十全十美的人」，試著把自己不擅應付的部分和可容許的部分分開來看待。

 習慣 5

「都是因為我」的思維

經常這樣說

「生意沒談成
都是因為我推銷不力」

改成這樣吧

「合約沒簽成
是因為與客戶的
機緣不湊巧」

工作和人際關係一不順遂，便強行與自己的言行做連結，責怪自己，因而受到罪惡感的折磨。不要老往自己身上找原因，試著換個角度思考「是不是還有其他因素」。

 習慣 4

「應該～」的思維

經常這樣說

「上司照顧部下的感受是應該的。
那人不配當上司！」

改成這樣吧

「上司也很忙，
有時也會無暇顧及
部下的感受吧」

「應該～」、「非得～」這類成見很強，因此常常對自己和他人都很嚴格。「人總是會有失敗」、「常識不一定都是對的」，要有意識地靈活思考。

TYPE 2 過度適應型的「思維習慣」改正法

習慣
2

機器人思維

經常這樣說

「只是熬夜1～2天，
不會對身體造成影響」

改成這樣吧

「要是搞壞身體就沒辦法
工作了，所以一定要休
息，別勉強硬撐」

堅持到底的想法太過強烈，以至於感覺不到疲勞和睡意，勉強硬撐，最後導致身體狀況惡化。別過度相信自己的體力，要有適度休息可提高工作效率的認知。

習慣
1

追求完美的思維

經常這樣說

「資料非得
做到完美才肯罷休」

改成這樣吧

「即使資料不完整，
但只要能傳達
重點就好了」

對工作經常提出很高的目標，不容許自己達不到目標。試著客觀檢視每一項工作所要追求的是什麼，設法把過高的目標下修到「適當的水準」。

習慣
3

在意外表的思維

經常這樣說

「要打扮得漂漂亮亮
才會受到旁人的肯定」

改成這樣吧

「保持自自然然的，
依然會得到周圍
人們的肯定」

愈是在乎旁人評價的人，愈容易不僅在意工作內容，還在意外表。若能實際感受到對方不會因為感覺有點偷懶的衣著打扮就改變態度，漸漸就不會那麼在意周遭的反應。

認識女性荷爾蒙，常保健康 & 美麗！

女性荷爾蒙攸關懷孕和生產，對美容和維持健康也很重要。同時也是造成鬱鬱寡歡、心煩氣躁、渾身無力……等不適的原因。正因為女性荷爾蒙會影響到身體和心理，我們更要了解它隨著年齡變化的狀態，並將所知應用於健康管理。

35歲是女性荷爾蒙的轉折點

請教專家

**女性醫療診所
LUNA GROUP 理事長
關口由紀**

曾任職於橫濱市立大學醫學院泌尿科等，2005年創立橫濱元町女性醫療診所LUNA。2008年成為Leading Girls女性醫療診所LUNA GROUP理事長。著作有《女性ホルモンの力でキレイをつくる本》（朝日新聞出版）等。
http://www.luna-clinic.jp/

心情低落、暈眩、疲勞消除不去……原因不明的「感覺不適」也許是受到女性荷爾蒙的影響。

所謂女性荷爾蒙，指的是由卵巢分泌的動情素和助孕酮兩種荷爾蒙。它是被依固定的規律分泌出來，形成月經周期，和懷孕、生產有關，而且還會發揮美容和維持健康的作用。「女性荷爾蒙雖然是女性不可或缺的荷爾蒙，但分泌量過多和過少都會造成不適。要讓女性荷爾蒙成為自己的朋友，維持荷爾蒙平衡，按固定的規律分泌對那人來說適當的量很重要」。女性醫療診所LUNA GROUP理事長關口由紀小姐表示。

隨著年齡變化的女性荷爾蒙的轉折點是35歲。「分泌量逐漸減少，自律神經變得容易紊亂。熬通宵、壓力累積都與荷爾蒙的失衡息息相關。身體狀況也受到荷爾蒙的變化左右，並可能出現暈眩等『更年前期』的症狀。過了35歲就要改變工作方式，從『拚命三郎』轉變成規律生活，靠品質與人競爭吧！

45歲以後便進入「更年期」。女性荷爾蒙銳減，有些人還會出現燥熱、潮紅等更年期障礙。

荷爾蒙要平衡，最好就是規定就寢和用餐的時間，過規律的生活。「不過，25歲到35歲是荷爾蒙分泌穩定的時期，多少硬撐一下還撐得住。考慮到職涯不顧一切地拚命，就是這個時期」。她說。

「注意規律的生活，不勉強硬撐。攝取營養補強體力，依需要補充保健食品和荷爾蒙，要按照年齡用合適的方式和女性荷爾蒙打交道。

左右心情和健康的
女性荷爾蒙指的是什麼？

由卵巢分泌的動情素和助孕酮兩種。
關係到月經周期的形成、懷孕、生產，並與美容和健康的維持有關。
另一方面，和鬱鬱寡歡、心煩氣躁、便祕、浮腫等也有關係。
也可說是左右女性身體和心理的荷爾蒙。

對維持懷孕作用很大！
助孕酮
（黃體激素）

- 使子宮內膜增厚，
  以便受精卵著床
- 幫助維持懷孕狀態
- 使乳腺發達
- 使基礎體溫上升
- 增進食欲
- 保持體內的水分

保持身心健康的
動情素
（卵泡激素）

- 女人味
  打造圓潤的身體
- 幫助製造膠原蛋白，使皮
  膚和頭髮保有彈性和濕潤
- 保持骨質的密度
- 調整膽固醇，
  防止動脈硬化
- 促進代謝
- 使精神狀態穩定
- 活化大腦，防止記憶力和
  注意力降低

思考「職涯和健康」

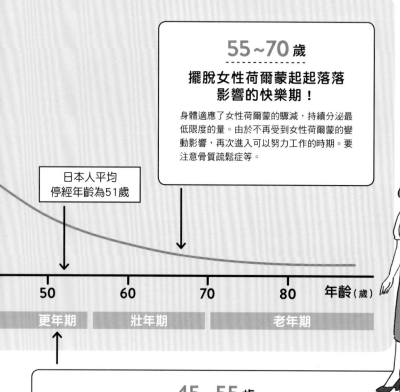

55~70歲

擺脫女性荷爾蒙起起落落
影響的快樂期！

身體適應了女性荷爾蒙的驟減，持續分泌最低限度的量。由於不再受到女性荷爾蒙的變動影響，再次進入可以努力工作的時期。要注意骨質疏鬆症等。

日本人平均
停經年齡為51歲

| 50 | 60 | 70 | 80 | 年齡（歲） |

| 更年期 | 壯年期 | 老年期 |

45~55歲

女性荷爾蒙分泌量減少，
有人會出現更年期障礙

日本人平均停經年齡為51歲。其前後5年被稱為更年期。女性荷爾蒙的分泌量會銳減。身體跟不上那樣的變化，有人還會出現「hot flash」等的更年期障礙。文明病的風險也會增高。

更年期障礙的主要症狀

- ☑ hot flash（燥熱、潮紅、多汗）
- ☑ 腰部和手腳冰冷
- ☑ 呼吸急促、心悸
- ☑ 頭痛、暈眩、噁心
- ☑ 體力和注意力下降
- ☑ 易怒、煩躁
- ☑ 悶悶不樂、感到憂鬱
- ☑ 肩膀僵硬、腰痛、手腳痠痛
- ☑ 很難入睡

→ 更年期的症狀難受的話…

使用HRT（荷爾蒙療法）多數能改善。2~3週就能看到症狀改善，所以不要忍耐，去婦產科或女性診所接受診療吧。

用女性荷爾蒙來

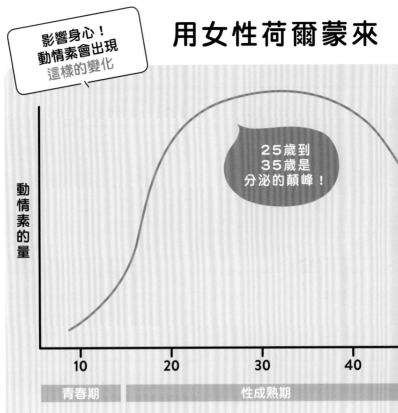

影響身心！
動情素會出現
這樣的變化

25歲到
35歲是
分泌的顛峰！

動情素的量

10　　20　　30　　40

青春期　　　　　性成熟期

20~35歲

勉強硬撐有用＆容易懷孕的時期，對「想做的事」一往直前

進入女性荷爾蒙分泌的顛峰，荷爾蒙的量很穩定。在工作上可以大步前進，同時也是容易受孕的時期。如果想要有小孩，在這個時期結束前懷第一胎最理想。請思考一下自己的職涯和人生吧。

35~45歲

真切感受到體力急速衰退！以健康為核心改善生活

35歲之後女性荷爾蒙的分泌量就會減少。不注意健康和壓力很容易破壞荷爾蒙平衡，又因為長期疲勞累積，對荷爾蒙的變化變得過敏。甚至出現像更年期那樣的症狀。是重新檢視生活的時期。

身體按照固定的規律運作，荷爾蒙分泌也會平衡。注意每天規律飲食，不因日子而改變次數、時間。並禁止暴飲暴食，以免造成腸胃負擔。

要積極攝取的食品

☑ 補「腎」食品

中醫認為「腎」是蓄積生命能量的地方，也會影響到女性荷爾蒙的功能。用飲食補充腎的活力吧。

例如

高麗菜、山藥、香菇、芹菜、肉、泥鰍、蝦、黑豆、芝麻、核桃、海藻類、肉桂、花椒

☑ 大豆異黃酮

大豆異黃酮會在體內產生近似動情素的作用，能有效減緩更年期障礙，40歲以後要積極攝取。

例如

豆腐、煮豆、黃豆粉、高野豆腐、油豆腐、豆漿、納豆、醬油、味噌

☑ 鈣質和維生素D

40歲以後骨質密度會降低，骨質疏鬆症的風險增高。要補充打造骨骼的鈣質和維生素D。

含鈣的食物有…
牛奶等乳製品、豆腐和納豆等大豆製品、小蝦、小魚、海藻、黃綠色蔬菜

含維生素D的食物有…
鮭魚、秋刀魚、沙丁魚、鯖魚、木耳和乾香菇等蕈菇類

生活習慣

為女性守護青春和健康的女性荷爾蒙也會隨著年齡而走下坡。要引出並維持其威力，日常生活習慣很重要。讓我們用「溫暖」、「滋潤」、「療癒」為關鍵詞，重新檢視每一天吧！

提高睡眠品質的8原則

1. 在固定的時間起床，曬一下早晨的太陽再吃早餐。
2. 每天在固定的時間上床睡覺。
3. 睡前3小時吃完晚餐。
4. 睡前1小時洗好澡。
5. 睡前1～2小時適度地運動。
6. 睡前1小時起把燈光調暗，放輕鬆。
7. 臨睡前不看智慧型手機和電腦。
8. 睡前1小時不喝酒和咖啡。

睡眠是疲憊的身體最大的「療癒」。女性荷爾蒙減少是失眠的原因之一。曬一曬早晨的太陽，重新啟動生理時鐘。14～16個小時後睡意自然來到，形成規律的睡眠。

每天從20分鐘左右的走路開始！

運動

走路會用到全身的肌肉，促進血液循環，藉由「溫暖身體」的效果消除冰冷，並可望達到卵巢功能的活化。40歲以後還要鍛練骨盆底肌，以防漏尿。

「骨盆底肌」也要積極鍛練

什麼是骨盆底肌？

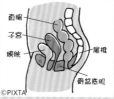

直腸
子宮
膀胱
尾椎
骨盆底肌

©PIXTA

骨盆底肌是支撐骨盆腔內器官的肌肉。其作用在於收束尿道、陰道和肛門，一旦鬆弛就會引發漏尿。

＼鍛練方法／

1. 收束肛門
用力縮緊肛門。

2. 收束陰道
以尿到一半突然憋住的感覺縮緊陰道。

3. 把骨盆底肌縮進腹部
吸氣，感覺像是把骨盆底肌吸進肚子裡，然後吐氣。洗澡時手觸陰道同時做這個動作效果很好。

關鍵詞是「溫暖」、「滋潤」、「療癒」

維持荷爾蒙平衡的

養成洗澡時「自我檢查乳癌」的習慣

洗澡前 → 洗澡時

洗澡前
＼利用鏡子檢查外觀／

- ☑ 乳房的大小和形狀有無變化？
- ☑ 有沒有地方腫起？
- ☑ 有沒有凹一塊、皮膚被扯進去？
- ☑ 有沒有地方變色？
- ☑ 有沒有濕疹、潰爛的地方？
- ☑ 乳頭是否凹陷？
- ☑ 乳頭有沒有分泌物？

洗澡時
＼徒手邊洗邊檢查／

- ☑ 用四隻指腹邊按壓乳房邊畫圈似地移動，或四面八方移動，觸摸檢查整個乳房。
- ☑ 近50%的乳癌發生於外側的上部。所以要從鎖骨以下觸摸到腋下。
- ☑ 沖掉泡泡後，捏起乳頭檢查有無分泌物。

調整自律神經的功能

泡澡

泡澡具有「溫暖」和「療癒」的效果。浸泡較溫的熱水可鎮靜交感神經，使副交感神經處於優勢，能夠放鬆。泡澡後塗抹乳液等「滋潤」皮膚。

小毛病！

肩膀僵硬

也會引發頭痛、噁心
利用每天的保養減輕僵硬

女性荷爾蒙的減少引起知覺過敏，變得更容易感覺肩膀僵硬。冰冷和壓力所造成的肌肉緊繃也是原因之一。還可能伴隨頭痛和噁心。要利用每天的保養來改善症狀。

改善的重點

勤做伸展操和養成保暖的習慣

工作空檔勤做拉伸肩部和頸部的伸展操。肩膀因冰冷或寒氣而硬梆梆時，建議用懷爐讓身體暖起來。服用中藥也會有效。

\ 注意這類症狀 /
- ☑ 感覺肩膀沉重
- ☑ 肩膀變得硬梆梆
- ☑ 肩膀舉不起來
- ☑ 頭、眼睛感覺會痛

腸胃問題

因為壓力而感到不適的人
在增加中！要查明原因

月經前受到助孕酮分泌的影響，使得腸胃功能減弱，容易便祕。而近來因壓力而為反覆便祕和腹瀉的「大腸激躁症」所苦的人也愈來愈多。要查明原因採取對策。

改善的重點

嚴禁忍耐！
養成上廁所的習慣

不要忍，養成早餐後一定去上廁所的習慣很重要。消除壓力的方法對大腸激躁症也有效。平時就經常服用乳酸菌，整頓腸內環境。

\ 注意這類症狀 /
- ☑ 持續便祕，肚子脹不舒服
- ☑ 容易腹瀉
- ☑ 反覆便祕和腹瀉
- ☑ 胃痛

眼睛疲勞

老化使得眼睛的對焦功能
降低，成為疲勞的原因

隨著年歲增長，我們眼睛的焦點調節功能下降，但會努力想要對焦，使得眼睛容易疲勞。而女性荷爾蒙降低導致淚液分泌減少，也要注意乾眼症。

改善的重點

用手心覆住等方式
使它溫暖

熱敷眼睛，改善血液循環，肌肉的活動就會變順暢。只是把溫暖的手心覆在眼睛上也OK。定期點眼藥水也會有效。

\ 注意這類症狀 /
- ☑ 視力模糊
- ☑ 眼睛痠澀流眼淚
- ☑ 從陰暗處來到室外會覺得很刺眼，眼睛睜不開

皮膚乾燥

超過30歲就急轉直下。
也是搔癢和皮疹的原因

有助保持水分的動情素分泌減少，使皮膚變得容易乾燥。又因為失去彈性和光澤，新陳代謝紊亂，容易發生搔癢和皮疹等的皮膚問題。

改善的重點

用混合保濕成分的
乳液做保養

臉部乾燥要用混合玻尿酸等能深入角質層保濕成分的乳液進行保養。全身的話，則用混合類肝素等的保濕劑保養。

\ 注意這類症狀 /
- ☑ 冬季以外也護手乳不離手
- ☑ 一摸臉頰就覺得很乾燥
- ☑ 皮膚緊繃

消除女性荷爾蒙
降低所引起的 **令人擔心的**

(接受診察的重點)

下腹部疼痛和不正常的出血要立刻治療

伴隨腰痛、痛感漸漸增強、下腹部疼痛、不正常的出血等的情況，有可能是子宮內膜異位症、子宮肌瘤、卵巢囊腫這一類的疾病，要接受婦科診察。

＼ 注意這類症狀 ／
☑ 感覺下身沉重
☑ 痛到坐著也難受
☑ 一按腰就覺得痛
☑ 彎腰後再伸直會痛

腰痛

也可能是婦科方面的疾病。要依症狀接受診察

腰痛的主因是久坐辦公桌或運動等所造成的肌肉疲勞和血液循環惡化，也可能是因月經和婦科方面的疾病所引起。若感到有別於以往的疼痛，要考慮疾病的可能性。

(接受診察的重點)

年輕世代也可能罹患卵巢功能低落

若感覺有礙日常生活，也可以到婦科接受HRT檢查。20、30歲卻出現同樣的症狀，有可能是卵巢功能低落，也要前往婦科或女性門診接受診察。

＼ 注意這類症狀 ／
☑ 臉部突然熱起來
☑ 上半身發熱、盜汗
☑ 常常頭昏腦鈍
☑ 臉很熱但手腳冰冷

熱潮紅

自律神經紊亂也是一個原因。有時需要接受診察

這是更年期常見的症狀。原因是女性荷爾蒙減少導致自律神經紊亂，使攸關體溫調節的血管收縮和擴張變得不順。覺得難受的話就去看婦科或女性門診。

(改善的重點)

避免冷涼的飲料、食物

一年從頭都要避免碰冷涼的飲料和食物。摻有白砂糖的甜點、小黃瓜等夏季蔬菜也容易讓身體變冷，小心攝取過量。服用中藥也很有效。

＼ 注意這類症狀 ／
☑ 手腳總是冰冷
☑ 鑽進被窩裡手腳依然冰冷，很難入睡
☑ 待在寒冷的地方身體狀況就變差

寒症

有時會因為更年期而惡化。要積極地保暖

更年期因為女性荷爾蒙減少，導致自律神經紊亂，血液循環變差，使得身體容易冰冷。由於也可能造成肩膀僵硬、腰痛、生理痛等，要設法使身體溫暖。

(改善的重點)

每天訓練骨盆底肌

訓練骨盆底肌對改善頻尿和漏尿很有效。在症狀惡化前，先照著P.89的練習持續做一個月吧！

＼ 注意這類症狀 ／
☑ 打噴嚏或咳嗽時會漏尿
☑ 有時會來不及上廁所
☑ 不離廁所近一點就不安心

漏尿

40歲以上每3人中有1人有這樣的經驗。要進行保養避免惡化

漏尿是因為年齡增加和女性荷爾蒙減少使骨盆底肌鬆弛所造成。分為腹部用力時會漏尿的「應力性尿失禁」，和突然感覺尿意的「急迫性尿失禁」。

藉飲食提升荷爾蒙力量
超簡單「女子餐」

20歲

30歲

40歲

每天的飲食對女性荷爾蒙的分泌影響巨大。為各位介紹20歲、30歲、40歲提升
「女性荷爾蒙力量」的超簡單食譜！

用富含蛋白質的飲食提高荷爾蒙威力

「體內分泌荷爾蒙的原料主要來自飲食，因此營養不足的狀態下，荷爾蒙也會漸漸失去平衡」。這麼說的是在新宿溝口診所提供營養指導的定真理子小姐。要為女性特有的不適預作準備，定小姐建議積極攝取蛋白質和膽固醇的飲食。

「膽固醇是脂肪的一種，蛋白質含量多的食品中也會含有膽固醇。有月經不順、經前症候群、失眠等問題的20～40多歲女性，多數都因蛋白質不足導致膽固醇的數值明顯偏低。而且又因為生活壓力大，膽固醇都被用來生成抗壓力荷爾蒙，把女性荷爾蒙的生成挪後」。不同世代有助於女性荷爾蒙生成的蛋白質來源如下頁。先重新檢討飲食內容，努力提高女性荷爾蒙的威力吧！

請教專家

NPO 分子整合營養學研究所
分子整合營養管理師
定 真理子

在治療不孕症的過程中認識到分子整合營養學，1984年起以分子整合營養顧問的身分接觸到許多患者。經過新宿溝口診所首席諮商師的歷練後，現在以醫療相關人員、學校相關人員等為對象舉辦演講和講座。共同著作有《「妊娠体質」に変わる食べ方があった》（青春出版社）等。

20歲&30歲的建議食材

肉、魚、蛋

要不斷攝取會成為女性荷爾蒙原料的優質膽固醇

女性荷爾蒙的原料是蛋白質和脂肪中所含的膽固醇。牛肉或豬肉這類紅肉、魚和卵，是可以同時攝取到這兩種營養素的代表性食物。還含有不少大多數女性容易缺乏的鐵質。

▶p.96~

▶p.94~

40歲的建議食材

大豆製品

要有意識地攝取具有近似女性荷爾蒙作用的大豆異黃酮

大豆製品所含的異黃酮在體內會發揮近似女性荷爾蒙的作用。從女性荷爾蒙分泌量減少的40歲前後就要開始將它納入飲食。「在愈來愈多女性很早就停經之下，也有人在月經周期開始紊亂等的情況出現時就積極攝取，使周期恢復規律」。

▶p.98~

20歲、30歲、40歲

減少煩躁的救世主

每天攝取兩大匙「甘酒」

「未煮過的甘酒含有豐富的善玉菌。每日飲用可使腸內細菌有能力製造荷爾蒙合成所需的維生素B群，整頓腸內環境，活絡副交感神經。而自律神經穩定會讓身體變得容易生成女性荷爾蒙。很多女性每天喝兩大匙手工製造的甘酒，因而改善了憂鬱和煩躁的情況」。

Red Meat

輪流吃可同時攝取到鐵質的
牛和豬的

建議食材
for 20歲

瘦肉

R E C I P E 1

和調味料一起裝進密封袋中用微波爐加熱就完成。耐存放，所以很適合預做

薑燒牛肉飯

烹調時間
3分鐘

● 材料（1人份）

牛肉絲 ·················· 100g

A
醬油、酒 ·············· 各1大匙
砂糖、味醂 ············ 各1/2大匙
沙拉油 ················· 2小匙

白飯 ····················· 適量
七味唐辛子 ············· 適量

● 作法

❶將牛肉和A裝入耐熱的密封袋中，搓揉袋子使兩者混合。稍微打開袋口，將開口部上放進耐熱的大碗中，用600W的微波爐加熱約2分半鐘。

❷若有牛肉未全熟，再繼續加熱。最後撒上七味唐辛子，盛在白飯上。

RECIPE 2

手撕萵苣加燙豬肉，不需要菜刀

涮萵苣和豬肉

烹調時間
5分鐘

● 材料（1人份）

萵苣	1/2顆
豬肉片（瘦肉）	150g
鹽	少許
沙拉油	少許
自製醬汁	適量

薑泥	1小匙
蠔油	2小匙
醋	1小匙
麻油	2大匙

● 作法

❶煮一鍋熱水（額外），加入鹽、沙拉油。放入手撕的萵苣迅速川燙之後取出。
❷將豬肉一片一片地放入同一鍋裡迅速汆燙之後取出。
❸將萵苣和豬肉瀝乾後裝入容器，淋上自製醬汁。

RECIPE 3

燙過的牛肉和菠菜拌一下就成了美味料理

牛肉和菠菜的韓式拌菜

烹調時間
3分鐘

● 材料（1人份）

牛肉（瘦肉）	50g
菠菜	2束
鹽、胡椒	各少許
蒜泥	1/4小匙
麻油	少許

● 作法

❶煮一鍋熱水（額外）。把切成1cm寬的牛肉與鹽、胡椒、麻油（各少許，額外的分量）混合，放入滾水中汆燙一下取出。菠菜先燙過，瀝乾後切成5cm長。
❷將❶的料放入大碗中，加入鹽、胡椒、蒜泥、麻油一起拌勻。

Egg Dishes

建議食材
for **30**歲

每天以2顆蛋為標準。
也能預防月經不順
蛋

RECIPE 1

只要把蛋打在耐熱容器裡，加入食材微波一下就好了

烘蛋

烹調時間
2分鐘

● 材料（1人份）

蛋‧‧‧‧‧‧‧‧‧‧‧‧‧‧‧‧‧‧‧‧‧‧‧‧‧‧‧‧‧‧‧‧‧‧‧1顆
培根‧‧‧‧‧‧‧‧‧‧‧‧‧‧‧‧‧‧‧‧‧‧‧‧‧‧‧‧‧1/4片
青花菜‧‧‧‧‧‧‧‧‧‧‧‧‧‧‧‧‧‧‧‧1朵（10g）
鹽、胡椒、起司粉‧‧‧‧‧‧‧‧‧各少許

● 作法

❶把蛋打在耐熱的小陶鍋裡。放上切成5mm的培根和1朵對半分的青花菜，撒上鹽和胡椒。

❷用牙籤在蛋黃部分刺幾下，輕輕蓋上保鮮膜，放入600W的微波爐加熱45秒～1分鐘。最後撒上起司粉。依個人喜好搭配麵包或小番茄。

RECIPE 2

只要微波一下，柔嫩柔嫩的超簡單主菜就完成

滑嫩炒蛋

烹調時間
3分鐘

● 材料（1人份）

蛋	2顆
牛奶	3大匙
鹽、胡椒	各少許
奶油	10g

● 作法

❶把蛋打在直徑約15cm的耐熱碗裡，用叉子充分打散。加入牛奶、鹽、胡椒、奶油。

❷輕輕蓋上保鮮膜，放入600W的微波爐加熱約1分鐘。

❸取出後充分攪拌，蓋上保鮮膜再微波加熱30秒～1分鐘，到自己的喜歡的硬度，然後取出再拌勻。裝在盤子裡，依個人喜好附上培根和生菜。

RECIPE 3

用帆立貝罐頭做出不用菜刀、味道溫和的一道菜

帆立貝蛋花湯

烹調時間
5分鐘

● 材料（1人份）

帆立貝罐頭	1罐（45g）
蛋	1顆
細香蔥切碎	少許
鹽、胡椒	各少許
太白粉	1小匙
醋	少許

● 作法

❶在鍋裡倒入約200ml的水煮沸。沸騰後將帆立貝肉連湯汁一起倒入，以鹽和胡椒調味。味道不夠的話再加一點中華高湯素（額外）。

❷用同量的水將太白粉調勻倒入鍋裡，變稠之後，以繞圈的方式加入充分打散的蛋汁。熄火前加醋汕細香蔥。

建議食材
for 40歲

找回女性荷爾蒙的
力量

大豆製品

RECIPE 1

只需混合就完成！海帶根和蛋營造出十足的分量感

納豆拌海帶根

烹調時間
1分鐘

● 材料（1人份）

納豆	1盒（40g）
海帶根	90g
蛋	1顆
細香蔥切碎	適量
醬油、芥末	各適量

● 作法

把納豆倒入碗裡充分攪拌。加上海帶根、雞蛋後進一步充分拌勻，然後加入醬油和芥末。盛入容器，撒上細香蔥。

RECIPE 2

用鱈魚卵做出風味濃郁、暖呼呼的濃湯

豆腐鱈魚卵濃湯

烹調時間
5分鐘

● 材料（1人份）

鱈魚卵……………………………1/2片
豆腐（絹）…………………………1/2塊
麻油……………………………1/2小匙
蒜泥……………………………1/4小匙
　　　　　　　　　　（依個人喜好）
中華高湯…………………………200ml
酒………………………………1/2小匙
鹽………………………………少許
太白粉……………………………1小匙
　　　　　　（用1大匙水溶解）

● 作法

❶鱈魚卵去掉薄皮後放入鍋裡，加入麻油、蒜泥（依個人喜好）混合拌勻。用湯匙舀豆腐加入鍋裡，用中火加熱。
❷沸騰後用鹽和酒調味，加入溶化了的太白粉勾芡。

RECIPE 3

不用火、用微波就完成的極品濃湯。寒冷的早晨附上一杯

豆漿濃湯

烹調時間
2分鐘

● 材料（1人份）

豆漿……………………………100ml
水………………………………150ml
雞湯素（顆粒）…………………1/2小匙
冷凍玉米粒………………………2大匙
麵包丁（市售品）…………………適量
香菜末……………………………適量

● 作法

將麵包丁和香菜以外的材料全部放進耐熱的湯杯裡，放入600W的微波爐加熱約1分半鐘。（如果有的話，選擇牛奶或飲料加熱模式）。取出後放上麵包丁和香菜。

用輕藥膳開啟健康的生活

隨著寒冷加劇，身體狀況常常會變差。讓我們利用超市可買到的食材製作「輕藥膳」，從體內調整身體的狀況，獲得健康的生活吧！

積極地
攝入吧！

秋～冬建議的 **6** 種食材

以下的食材對感冒、寒症、乾燥…這一類身體不適很有效。了解每一樣食材各自具有的功效後，請依身體的狀況積極採用。

預防
感冒

肚子
脹氣

／效果良好＼

1 蘿蔔

冬天盛產的蘿蔔對感冒、咳嗽、痰、喉嚨痛、乾燥這類寒冷季節的問題很有效。為不使身體變冷，建議熟食，如滷或煮湯等，不要生吃。

食用方式的重點

喉嚨痛時製成「蘿蔔飴」

蘿蔔切成塊狀，浸漬在蜂蜜或水飴中約3小時後就會出水，再以熱水稀釋飲用，喉嚨的疼痛就會減輕。

養成「觀察」自己的外在和身體狀況的習慣

許多人一聽到藥膳立刻聯想到「需要有特別的材料和知識」不是嗎？可是根據藥日本堂漢方學校的講師劉梅的說法，藥膳的本質是「引出食物原本具有的功效調理身體」。即使沒有備齊專用食材也可以將藥膳帶進生活中。

「中國自古以來就講『醫藥同源』，藥和飲食都以『食物』看待之。在那當中，人們透過經

請教專家

藥日本堂
漢方學校講師
劉梅

黑龍江中醫藥大學畢業後，以內科醫師身分臨床治療病患。之後到北海道大學醫學院擔任客座研究員，2001年進入藥日本堂。藥日本堂漢方學校擔任講師。
（https://www.kampo-school.com/）

2 紅蘿蔔

可提高消化吸收能力的紅蘿蔔,是腸胃功能失調導致食欲不振、腹瀉、便祕時要攝取的食材。對眼睛的疲勞、乾澀、視力模糊也很有效,建議經常用電腦的人也要吃。

食用方式的重點

燉煮要比生食更好吸收

煮過會更好吸收,所以最好拿來燉煮或炒菜。搭配可溫暖身體的薑一起食用也很好。

> 腸胃
> 不適

> 眼睛
> 疲勞

＼效果良好／

3 白菜

白菜具有退燒解熱的作用,對發燒、咳嗽、痰、喉嚨乾燥有效。同時具有調整腸胃狀況、改善代謝的效果,容易便祕時也要多多攝取。

> 痰和
> 咳嗽

> 便祕

＼效果良好＼

食用方式的重點

芯子和表面的葉子含多量維生素 C

維生素C含量尤其豐富的是芯子和表面葉子部分。不要浪費,把它煮到軟吧!

驗漸漸學會哪一樣食材具有什麼樣的功效」。

按照體質、身體狀況、症狀和季節攝取食物是藥膳的觀念。「敏於覺察自己身體狀況的變化」對適當地選擇食材很重要。「讓我們養成每天早上照鏡子『觀察』自己的習慣。這麼一來,對一點細微的變化,如「比平常腫一點」、「臉色很差」、『不好上妝』等,也能立刻察覺。察覺之後再按照身體狀況選用食材,就能迅速處理身體的不適」。

不過,不能忘記的是,藥膳終究只是輔助。「光是藥膳並不能治療不適。充足的睡眠、適度的運動和規律的生活是保持身體健康的前提。也有必要重新看待我們的生活」。

（輕微腹瀉）（食欲不振）／效果良好＼

4 山藥

身體使不出力氣、疲勞累積……這種時候最適合的是滋養強健、消除疲勞效果高的山藥。對提高內臟功能、慢性腹瀉和食欲不振也能發揮功效。

食用方式的重點

加上枸杞，
體力增強！

搭配枸杞一起食用，消除疲勞的效果會更好。煮山藥湯、炒菜，或加入粥裡試試看。

5 菠菜

臉色或皮膚的狀況很差時，要吃富含鐵質的菠菜。因具有補血、滋潤身體的作用，對改善皮膚乾燥、貧血有幫助。對因腸內乾燥導致的慢性便祕也有效。

食用方式的重點

搭配麻油，
消除便祕！

建議用與菠菜同樣具有潤腸效果的麻油拌炒，對治便祕。對緩解皮膚和眼睛乾澀也很好。

（皮膚乾燥）（貧血）／效果良好＼

6 薑

開始有感冒症狀時，最適合食用能促進血液循環、加速新陳代謝、溫暖身體的薑。也可望達到止住寒症引起的痰和咳嗽、調整胃的狀況、增進食欲的效果。

食用方式的重點

搭配紅茶，
讓身體暖呼呼

加入可溫暖身體的紅茶，身體更是暖呼呼。可放鬆身體和心理，很建議冬天飲用。

（寒症）（咳嗽和痰）／效果良好＼

用「粥」徹底溫暖身體

便祕、腹瀉或食欲不振時，建議喝「粥」。「好消化，又不會造成腸胃負擔的粥，最適合作為早晨的能量補給。幫我們溫暖冰冷的身體，調整胃的狀況」。

有點便祕的話就加點麻油，擔心花粉的季節則加點紫蘇葉或薑，像這樣配合身體狀況或喜好添加佐料或調味料。

用輕便的藥膳茶保健身體

以藥膳茶作為工作時的飲料也是輕鬆嘗試藥膳的一個辦法。先以能溫暖身子的紅茶、利尿的烏龍茶、清熱的綠茶為基本，再按照季節和身體狀況搭配適合的茶飲。

推薦的藥膳茶

感覺喉嚨有點痛

薄荷茶＋菊花

感覺有點煩躁

茉莉花茶＋玫瑰

身體發熱使皮膚乾燥

羅漢果＋菊花

將茶葉和材料加入熱水即可直接飲用的附濾網玻璃杯。濾茶杯2000圓／藥日本堂網路商店https://www.nihondo-shop.com/

由醫師診斷
「我的疲勞護理」!

每個人各自有疲憊時長期倚賴的解方。即使自以為「這招最好!」,
但它真的好嗎?因此要請對疲勞知之甚詳的醫師來診斷。

太忙以致無法消除疲勞,
只是一直忍耐(36歲・商社・業務)

 疲勞是與疼痛、發燒並列的生物體三大警訊之一,不可小看它。不能一口氣全部消除也沒關係,要在自己能力所及的範圍內,養成不累積疲勞的習慣。(西多醫師)

把百圓商店的樹液貼片
貼在腳底睡覺,就能比平時睡得好
(27歲・食品製造廠・研究)

 雖然不太清楚樹液貼片的功效,但炎熱的夏季等,因腳發熱而睡得不好,使用冷卻貼片會睡得比較好的人不妨一試。(中村醫師)

為了照顧小孩常常
累得筋疲力竭,
所以小孩睡著後
會看著電視放空
(33歲・銀行・內勤)

不必動,也不用在意旁人,找時間一個人獨處,是很好的避免疲勞累積的方法。不要有「自己在偷懶」之類的罪惡感,悠閒一下吧!(西多醫師)

反正就是睡覺。還曾經回家後
不吃飯,一直睡到隔天早晨
(37歲・醫療・營養管理師)

 要從疲勞中恢復,最好的方法就是睡覺。真的很累時,不吃飯直接睡覺,可以讓腸胃休息、進入深層睡眠,是很好的作法。隔天早上要好好吃早餐。(中村醫師)

請教專家

青山・表參道睡眠壓力
診所院長
中村真樹

日本睡眠學會專科醫師。東北大學醫學院畢業。曾任睡眠綜合保健診所代代木院長等,2017年開設現在這家診所。治療所有睡眠障礙,及壓力和睡眠不足所引起的憂鬱狀態和恐慌等。

F診所院長
藤本幸弘

東京大學研究所醫學研究科結業後,經歷東京大學醫科學研究所附屬醫院等工作後就任現職。近期著有《美しくやせる食べ方 ディフェンシブ〜体を守る〜栄養學》(学研プラス)。

精神科醫師
西多昌規 → p.6

JUDGE
2

食物&
飲品
保健篇

喝可補充鐵質的營養補充飲料

（35歲・醫藥品・市場行銷）

用營養品補充確實很好，但平日的飲食也要有意識地攝取鐵質。肝、紅肉、魚類、貝類、大豆、青菜、海藻等含有多量鐵質。（藤本醫師）

吃豬肉

（48歲・護理師）

豬肉含有豐富的維生素B1，能幫助身體代謝醣類、順利產生能量，若搭配米飯、麵包或麵類等一起食用，對消除疲勞效果不錯。（藤本醫師）

吃大蒜增強精力 喝青汁和蔬菜奶昔補充營養

（28歲・零售・內勤）

大蒜的大蒜素和蔬菜的多酚會去除引發疲勞的臭氧。搭配米飯、肉類、魚類等一起吃的話更好。（藤本醫師）

吃巧克力之類的甜食 （33歲・零售・銷售）

攝取大量甜食會使血糖升高，一時之間變得很有精神，但之後血糖可能會急劇下降因而感到非常疲憊，形成惡性循環。如果是為了轉換心情少量食用倒是不錯。（藤本醫師）

喝咖啡

（47歲・福祉照護・內勤）

咖啡含有豐富的多酚，可去除引發疲勞的臭氧，加上咖啡因的作用，會提振精神，可是效果短暫。攝取太多會使睡眠變淺，所以要適量。（藤本醫師）

依燒酒→日本酒→燒酒的順序喝酒

（48歲・教育・內勤）

以酒為伴的愉快飲食可消除壓力，抑制引發疲勞的臭氧過度產生。不過，喝太多會降低睡眠品質，造成疲勞。適量飲酒並搭配肉類、魚類等一起食用吧。（藤本醫師）

JUDGE
3

外出
保健篇

對好友傾吐
「好累——」。
細說詳情對彼此都是壓力，
所以不管怎樣
就先讓對方知道自己的疲憊
（35 歲・商社・企劃）

若是可信任的朋友，一起訴說自己的疲憊就
能互相進行壓力護理。不安、抱怨也是，一
起愉快地聊一聊，趁煩惱還不嚴重時釋放一
下壓力吧！（西多醫師）

和婆婆同住時
因為婆婆管很多，
週末假日只要
**一個人去住
商務旅館，**
就覺得神清氣爽
（39 歲・廣告・業務）

如果和不擅應付的人的
關係變得很痛苦，強制
「暫停」關係是不錯的
方法。物理上保持距離
讓心得以休息，是很重
要的心情轉換。（中村
醫師）

長達三個月的繁忙期，
**去購物感覺自己
像是 VIP，**
心情就會平靜一點
（40 歲・教育・業務）

倚賴購物抒壓，可能會演變成購物
癖，所以並不建議。感到疲憊時請
藉由接觸大自然、睡眠或休息讓身
心恢復。（中村醫師）

因為工作，連續兩晚夜宿辦公室，
都只睡了兩小時。
**那個週末安排了許多活動，沒想
到出門後卻不覺得累**，四處逛來逛去
（33 歲・政府單位・服務）

連續睡眠不足反而會不容易感覺疲勞或睡意，因此常常
會以為「不睡覺也沒事」。不過由於疲勞會累積，好好地
休息很重要。（西多醫師）

PART 4

心靈轉眼間強大起來！

大腦的
正確使用法

因為一點小事一直鬱鬱寡歡，或始終無法有下一步行動……這也許不是天生的性格所致，而是大腦的使用方式有問題。一起來學習如何妥當地對待大腦，朝強大的自己、朝實現夢想的自己，再往前一步吧！

對大腦有效！我的習慣

一直為失敗感到懊惱，或想改變自己，卻拿不出任何行動──。
為各位介紹逃出這種負向螺旋獲得「積極的腦」的讀者的習慣！

一旦寫下來，興趣、關心立刻擴大
不論工作或嗜好，行動力都提升！

CASE **01**

29 歲・IT・顧問
與家人同住
高島春香（化名）

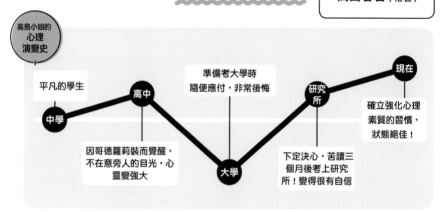

高島小姐的**心理演變史**

平凡的學生

中學

高中

因哥德蘿莉裝而覺醒，不在意旁人的目光，心靈變強大

準備考大學時隨便應付，非常後悔

大學

下定決心，苦讀三個月後考上研究所！變得很有自信

研究所

現在

確立強化心理素質的習慣，狀態絕佳！

決心報考研究所，而且是很難考的學校，成為20名報考者中唯一一名錄取者，因而獲得很大的自信。現在非常有行動力，興趣之多為所有人公認。

我的習慣

一鼓作氣地「輸出」，整理腦中混亂的思緒

「腦子裡一團混亂心情會很差」，所以就全部寫在筆記本上。「我一邊和自己對話一邊不斷探究原因，覺得好暢快！」。

我的習慣

把持續努力的過程
寫入記事本。藉照片
想起「持續下去的理由」

為維持體態，持續跳芭蕾。
「看著仰慕的模特兒或很想穿的
高跟鞋的照片，想起『自己理想
的樣子』，就能繼續保有衝勁」。

手繪芭蕾課表，上完
課就貼上貼紙。「就
像小學生的廣播體操
那樣，每次上完就會
有股成就感」。

我的習慣

寫下物欲後
就能克制

為克制「過多的物欲」，
我會製作購物清單。在寫
的過程中可以區分「需
要」、「不需要」、「現在
不需要」。

高中時代心靈強大到可以穿著哥德
蘿莉裝上學，完全不在乎旁人目光的高
島春香小姐，對升大學感到懷疑，沒認
真準備考試，後來覺得很後悔。但經過
夏季短期英國留學之後，她決意「好好
念書」，要上研究所。

雖然考前三個月才開始準備，但她
每天從早上5點伏案用功到晚上11
點，成功考取了研究所。「這化解了我
考大學的心理陰影，找回自信」。

那之後，她因為工作開始使用多功
能記事本，從此養成藉由記錄整理自己
的心情、想法的習慣。「我原本就比別
人更愛操心」，腦袋裡常常很混亂，所
以就把此刻的煩惱、渴望、想做的事統
統寫下來。她說，連工作上被罵的事，
畫成插圖後自己看了也會不覺失笑，而
能客觀地看待。「寫下來會讓頭腦清
爽，去想『接下來想試試看』，使興趣
和關心擴大，感到很興奮。現在我對到
國外工作愈來愈有興致」。

因為用筆記本整理思緒，
所以書寫量相當多。「寫
起來的感覺很重要，所以
我會尋找方便使用的檔案
夾，或自己做」。

祕密武器
是手機列印機

利用手機用的小型列印機把照
片印成貼紙，貼在記事本上。
「看到想去的國家和飯店之類
的就會覺得很興奮」。

不再「只為工作而活」之後
工作竟然一帆風順，
獲得社長獎！

CASE **02**

34 歲・製造廠・業務
與丈夫同住
香西明美（化名）

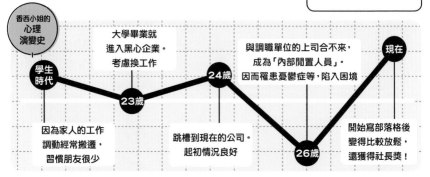

香西小姐的
**心理
演變史**

**學生
時代**

因為家人的工作
調動經常搬遷，
習慣朋友很少

23歲

大學畢業就
進入黑心企業。
考慮換工作

跳槽到現在的公司。
起初情況良好

24歲

與調職單位的上司合不來，
成為「內部閒置人員」。
因而罹患憂鬱症等，陷入困境

26歲

開始寫部落格後
變得比較放鬆，
還獲得社長獎！

現在

在「因憂鬱而停職」這段痛苦的日子中也不逃避，認真面對自己的思維習慣和工作方式。結果就是奇蹟似的復活。

配合月亮的周期「書寫」

在滿月的日子寫出負面情緒。「寫完把紙撕掉這樣的組合動作是在排毒。新月時會寫正面的事，以激勵自己」。

我的習慣

滿月的日子
把不愉快的事
寫在廢紙的
背面，然後撕毀扔掉

新月的日子
在記事本寫下
10個心願，
小心保存

點香撫慰心神

常備依蘭、白鼠尾草等數種香。「香會帶給腦直接的刺激，讓心神放鬆」。

我的習慣

國、高中時代不斷轉學，說自己對「女生小團體很沒輒」的香西明美小姐。因此，她全心投入工作，不料有一段時期，和調職單位的上司合不來，演變成自己的工作成果被搶走的事態。她被迫陷入「無事可做，簡直像內部閒置人員」的狀態，後來因憂鬱而停職。「我心想，我歷經雷曼風暴後很難找工作的時期一路打拚過來，為什麼還要遇到這種事？於是下定決心『不要再過只有工作的人生』」。

從那之後，她開始用部落格寫書評，並參加讀書會，擴大交遊。一旦找到工作以外的容身之所，她整個人就放鬆了，公司的後輩也開始說她「變得圓潤起來」。而且意外的是，不再那麼用力的工作也有了起色。以前會拚死拚活地推銷，現在「不強行推銷」卻贏得客戶好評，並順利獲得同事和上司的協助，成為公司內首位社長獎、產品獎、綜合頂尖獎的三冠王。「因為走過一段苦苦思索的時期才有現在的我」。

我的習慣

藉「晨間部落格」獲得容身之所

讀完松山真之助先生的《30分の朝讀書で人生が変わる》後，我開始在部落格上寫書評。「透過用文字表達，讓我得以找到工作以外的一片天地」。

學會如何對待脆弱的心靈
成為「敢說NO的人」

CASE **03**

32歲・老師
獨自生活
及川千惠(化名)

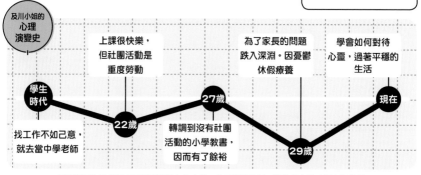

及川小姐的
**心理
演變史**

上課很快樂，
但社團活動是
重度勞動

為了家長的問題
跌入深淵。因憂鬱
休假療養

學會如何對待
心靈，過著平穩的
生活

**學生
時代**

27歲

現在

22歲

轉調到沒有社團
活動的小學教書，
因而有了餘裕

29歲

找工作不如己意，
就去當中學老師

每天都因為工作和家長的問題而心力交瘁。為了保護自己，學會堅定地表達自己的想法：「不可能的事就是不可能」成為轉機。

我的
習慣

**負面想法要用寫的
方式傾吐出來**

要把「被負面情緒搞得烏煙瘴氣的思緒」寫在筆記本上。「在寫的過程中腦袋經過整理，思緒就不會再原地打轉」。

我的
習慣

**睡前寫出3則
「今天發生的好事」**

「誰對我很好」等，寫出3件好事。「就算是很小的事也寫出來，就會有種平安過了一天的安心感」。

「原本想當銀行員」的及川千惠小姐因為考上教師甄試而選擇走上教書這條路。她在一開始被分配到的國中難以兼顧授課和社團活動，轉調到小學後則為應付怪獸家長所苦。身心都被逼入絕境，以至於無故缺勤，獲准休假兩個半月療養。「那時我下定決心『別再把一堆工作攬在身上』、『要成為敢說NO的人』」。

讀了心靈導師DaiGo先生的著作後，嘗試「把自己的想法全部寫下來」、「心情低潮時做有氧運動」這類方法。「筆記本的效果尤其好。寫下來就不會再老是想同樣的事情，並會知道問題癥結和對付的方法」。回到工作崗位後，不是單方面地拒絕所有的工作，而是有餘裕和四周的人交涉：「我雖然沒辦法做○○，但可以做○○」。「現在我已經懂得怎麼調整心理，就算心情低落也很快就能恢復」。

讀了心靈導師
DaiGo先生的書
後身體力行！

我的
習慣

**想哭的時候去健身房
做 crosswalk**

「讀完《ストレスを操るメンタル強化術》，知道持續做20分鐘左右的有氧運動有效後實際嘗試，結果真的效果超好！」

不需要幹勁！
夢想會自動實現的
「神級心靈」打造法

有夢想要實現，但心靈脆弱，不是很多人就因為這樣放棄了嗎？
理解大腦的運作機制，就能獲得可實現夢想的「神級心靈」！

不需要拼勁和毅力！
用「未來記憶」啟動大腦

「想要靠拼勁和毅力實現夢想也沒用。發出行動指令的是腦，所以要先攻克大腦」。藉由基於腦科學和心理學的商業建構理論，在背後幫助過眾多個人企業家實現夢想的企業家製造者星涉先生如此強調。他表示，為實現夢想需要的是創造「未來記憶」。

「腦的運作是以『生存』為第一，所以基本方針是『維持現狀』。就算試圖挑戰新事物，也會受到負面的情緒和資訊阻擾。要戰勝這些負面情緒和資訊，只要想像自己已未來實現夢想的樣子，如親身經驗般地將那形象明確植入腦中，讓大腦『對現實感到不對勁』就行

來記憶」。

了。這麼一來，大腦就會為消除違和感自動動起來，開始收集實現夢想所需要的資訊」。這種狀態正是所謂的「神級心靈」。我們要為各位介紹幫助眾多企業家取得成果的星先生的一部分方法。請作為參考。

請教專家

作家‧企業家製造者
星 涉

Rising Star代表。根據腦科學和行為心理學、獨特的創業諮詢服務擁有成功率91.3%的驚人成績。著作《神心態：用科學方法打造內心強大的你》（方智）是銷售超過10萬6000冊的長銷書。

為何我無法朝著未來的夢想前進？

理由 1

因為腦的最優先事項是「活著」

∨∨

一旦打算冒新的風險，就會使用「不安」、「覺得麻煩」來攪局

「腦以『活著』為優先，為了維持現狀會阻擾行動。我稱它為『心理學的恆常性』。因此腦有讓人感到不安、覺得麻煩，或刻意使人發覺不會成功的理由的傾向。「就像在鬼屋裡如果知道鬼躲在哪裡就不會害怕那樣，若能理解腦是故意產生這樣的情緒，就是對抗的第一步」。

即使這樣想……

我要挑戰！

現在要是改變作法說不定會有死亡的風險！

腦

不安

害怕 覺得麻煩

故意讓負面情緒生成以妨礙行動！

理由 2

因為腦「只看得見需要的事物」

∨∨

未來的夢想「對腦來說不需要」，所以有助於實現夢想的資訊很難入眼

人的眼、耳常常接受龐大的訊息，但「腦的網狀系統會挑選訊息，除以判斷為必要的訊息以外都不予認識」。例如以下的實驗，便出現「只會看到要找的東西」這樣的結果。「對認為維持現狀很重要的腦來說，『未來的夢想』是不需要的東西。所以也很難注意到有助實現夢想的手段這類的資訊」。

可實際感受到大腦運作機制的「彩色浴效果」

接下來的30秒時間，請找出四周紅色的物體。

對了，有黃色的物體嗎？

幾乎完全注意不到沒打算尋找的「黃色物體」

理由 3

因為腦對「經歷過的記憶」無法抗拒

∨∨

尚未經歷過的「未來」對腦來說印象淡薄

「大腦在日常做選擇時，會受到過去的記憶，而且有情感連結的情緒記憶所左右」。就算打算為未來做，可是「未來」是尚未經歷過的事，只是在腦中想過，不敵已經歷過的「很好玩」、「念書很痛苦」等的記憶。「也就是說，有必要把未來的夢想變成『伴隨情緒的記憶』」。

女性聚會未出席的人很容易被人中傷。自己要是也被那樣對待會很難過

不參加女性聚會努力念書的話，就能考取資格！

伴隨情緒的經驗

只是在腦中想過的內容

這個壓倒性地強大！

夢想成真的方法

方法

方法 1
用未來體驗表讓
目的地變明確

若能設定明確的目的地，腦就會自動開始尋找到達目的地的路徑。「未來體驗表」對決定目的地很有用。首先，用完成式寫下5年後實現夢想的自己，再倒推回去寫半年後的自己。「寫完後，還要明確想像想要實現那件事的理由。如果沒有自己覺得滿意的理由，腦也不會動起來」。

POINT

用完成式書寫

不是「我想○○」、「以○○為目標」之類的未來式寫法，要用「已經實現」的完成式書寫。如果是未來式，腦會認知到「還沒有實現」。

POINT

選擇可以測定的內容

「得到幸福」等無法檢驗是否真的實現的記述會無法想像，所以要選擇可明確測定的內容。

POINT

用肯定句書寫

例如：腦無法順利認知「不抽菸」這種否定句的目標，反而會意識到香菸。若寫成「成為非吸菸者」便可以。

5年後
我實現了這件事
跳槽到外資企業，在全球各地飛來飛去

- - - - - - - - - - - - - - - - -

3年後
我實現了這件事
通過美國高級祕書資格考試

- - - - - - - - - - - - - - - - -

1年後
我實現了這件事
到澳洲短期遊學，對用英語生活有了自信

- - - - - - - - - - - - - - - - -

半年後
我實現了這件事
多益測驗考了870分

創造未來記憶使

方法 **2**

實際去看
「未來有我的世界」

要讓腦認知到「未來的夢想」對腦很重要，只要把它變成「與情緒連結的記憶」就好。「比方說，『我的夢想是要成為富翁』，那就去參觀夢想成真後住得起的高級公寓，如果覺得感動，就會牢牢記住那份感動而對目前的現狀感到不對勁。腦為了消除這不對勁的感覺會擅自動起來」。

≫

對「未來的自己」覺得感動，
自然會採取行動改變現在的自己！

方法 **3**

「訪問」
未來的自己

為什麼能夠實現那件事？

這個嘛，首先要從這裡說起…

「如果是自己扮演實現夢想的未來的自己，接受某人採訪的話，在自己家也可以『體驗』未來。一人飾兩角，自己採訪自己也可以。「妳為什麼能實現夢想？」、「是什麼力量支撐著妳？」、「有何辛苦？」等，盡量刨根究柢地問然後回答。

每天寫下
對未來的想像，
在鏡子前對自己宣告

我年收入 600萬元！	我成功瘦身到 55kg！

把宣告內容設成電腦密碼
也很有效！

用戶名稱　○○○○○
密碼　　　○○○○○

每天輸入
「我年收入600萬元」

方法 **4**

「每天」想像未來的
自己並大聲宣告

「腦的海馬迴若一再接觸同樣的訊息，就會認為那是必要的訊息」。換句話說，利用上面三種方法使未來記憶的想像明確化之後，「每天」持續說給自己聽很重要。這時不是只是在心裡想或輸入手機而已，要「用手寫」或「用嘴巴說出來」，才能給腦更強烈的刺激。

即使是有「發展障礙」傾向的腦
每天都順利的簡單技巧

其他人覺得「很普通」的事自己卻做不到……這也許是腦的問題。
不妨參考有發展障礙的當事人身體力行的生活術。

勉強能應付社會生活！
「世界最低層次」的生活術

世上確實有些人的腦具有不利於社會生活的特質並為此苦惱。也就是所謂的「發展障礙患者」。

比方說，「ADHD」這類型的發展障礙，被認為具有對一般長時間的等待、排隊有困難（過動性），或是缺乏注意力等的特徵。「ASD」則有社交困難，或強烈堅持特定規則之類的特徵。儘管每個人的症狀不同，但都有一個共通點，就是在社會上生活的過程中很容易碰到困難，且很難透過努力改善那狀況。

本身也被診斷為ADHD的借金玉先生也是歷經失去工作等的辛苦奮鬥過來的人之一。從自身的經驗，和與其他發展障礙患者交流的過程中，他將「讓自己可以多少活得輕鬆一點的技巧」系統化。「比方說，我動不動就會掉東西，要用印章時總是找不到。所以我買了一堆一樣的印章放在四處。像這種『低層次的解決法』很重要」。

未察覺有發展障礙便長大成人的人，或具有發展障礙的傾向但沒有嚴重到要接受診斷的人不在少數。借金玉先生的生活術或許對妳也有幫助？

不會整理！太常掉東西！

無法動手做要緊事而把注意力全放在無用的事情上

借金玉先生

晚上睡不著，早上又起不來

併發精神方面的疾病！

請教專家
33歲・公司職員
借金玉

被診斷為ADHD（注意力缺乏、過動障礙）。大學畢業就進入銀行，但完全做不好工作而逃離職場，幾經波折，現在以寫作和推銷員的工作維生。著作有《發達障害的僕が「食える人」に变わったすごい仕事術》（KADOKAWA）。

這樣的我 自己試驗後發現的
難搞的腦的使用說明書

☑ 「集約化」讓事物可以「一目了然」

要管理分散多處的東西很困難，所以要集中放置一處。而且「看不見就不會意識到」，所以要以眼睛容易看見的方式收納。

☑ 把行動難度降低到極致

不論面對工作或日常事務，具有意志薄弱遲遲無法動手的特性，所以要把「最初的一步」難度降到非常低。

☑ 打造「潔淨的空間」

非常害怕吵雜的環境，會變得無法專注，因此有助集中注意力的作業空間一定要徹底保持乾淨。

☑ 以活著為優先考量

發展障礙患者本來就很容易感受到壓力。如果不把「不危害心理健康」擺在「獲得最高成果」之上優先考慮的話，就會失敗。

------ 進一步 不同棘手狀況的最低限度生活技巧 ------

難搞的腦
1

整理不好工作上的文件！
還會和別的案件混在一起搞丟

➡ 用這招解決
夾板策略

「以前的我是搞丟重要文件的名人。工作上若同時要負責眾多文件，我不會管理那麼龐大的文件」。後來他用「每個案件一個夾板」的整理技巧解決了這問題。比起用檔案夾分類，夾板只要夾上就好，更省事。「如果是文件夾，有時會整個找不到，夾板再怎麼樣也不會弄丟，也不會好幾個案件混在一起。夾起來的文件又方便看」。有多個案件時，只要隨身攜帶所有夾板就不會遺失。薄的夾板可以夾的文件少，容易凹折，所以堅硬的夾板比較好。

每個案件都用
一個夾板整理起來，
全部帶著走！

大腦很難搞的人

建議採用全部「看得見」的收納
方式！

心動不動就生病

➡ 用這招解決

先把休假日填入時間表。
並建議在旅館「窩居」

「時間表上最應該優先記入的是『休養』。那一天的『任務』就是絕對不做任何事，也不想工作上的事，徹底休息。可以的話，每個月要有三天以上」。發展障礙患者往往休假日也會擔心未處理完的問題，心完全沒有休息到假期就結束了。若能保有「休息即工作」這樣的意識，就比較容易放鬆，而且能輕易獲得成就感。假使待在家裡會放心不下雜事，「建議關在附近的旅館裡」。

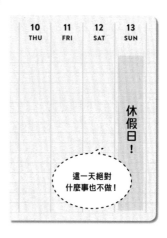

10 THU	11 FRI	12 SAT	13 SUN

休假日！

這一天絕對
什麼事也不做！

難搞的腦
3

文具和生活用品
都亂糟糟
散布各處無法集中

大腦很難搞的人

作業空間不要放任何物品！維持
東西「若不在這裡就沒有了」的狀態

➡ 用這招解決

全部扔進
「一個箱子」裡

借金玉先生不論在家裡或公司都不擅長整理。然而「東西亂七八糟便覺得有壓力，真是沒辦法」。解決方法是，把無處可去的物品全部扔進一個箱子裡。這樣就能讓作業空間和地板變得清清爽爽。箱子裡雖然亂成一團，但「只要知道一定在這箱子裡，不會在其他地方，就能放心」。

就算想念書
也完全無法持續

難搞的腦
4

⮕ 用這招解決
每天付出一點成本
製造對念書的「依賴狀態」

借金玉先生對念書等的持續性活動極度不擅長。這樣的他為完成長期性任務所發明出的技巧是「產生依賴」。「我很容易對打彈珠台之類的上癮，所以就將計就計。戒不掉打彈珠台最大的原因是『覺得至今為止投入的金錢太可惜』這樣的心理。同樣的，就算是強迫自己，每天花一點時間和金錢去做，到某一個階段之後就會產生『放棄這件事很可惜』的心理」。

第一天	第二天	第三天	… ➡	第×天

完全沒進度也沒關係，
總之就是
每天撥點時間去做

產生放棄
太可惜的心理

大腦很難搞的人

要把自己的容易
上癮轉化為優勢！

無用的思緒在腦中打轉
整夜無法入睡！

難搞的腦
5

⮕ 用這招解決
用「蒸氣眼罩」
阻斷五感

「一直專注在不必要的事情上，常常連覺都睡不好的，就是像我們這種發展障礙患者」。有效的對策是「蒸氣眼罩」和「耳機」。「阻斷視覺和聽覺，同時得到身體上的快感，比較容易切斷對無用的專注」。

難搞的腦
6

早上
完全醒不來

⮕ 用這招解決
把飲料放在距離床一公尺遠的地方

說「『早上起床』這項任務伴隨著巨大痛苦」的借金玉先生。不過他說，如果不是「起床」，而是改成「喝放在床旁邊的飲料」這樣簡單的任務，就會很順利。訣竅是把水瓶放在靠近床，但躺著伸手拿不到地方。

向身兼精神科醫師的禪僧學習
如何開始讓腦休息的
「片刻冥想」

邊做事，腦中邊想其他事⋯⋯
先預測再行動的現代人經常「被逼入絕境」！
利用「片刻冥想」的習慣讓疲憊的腦休息，維持健康的心靈吧。

養成冥想的習慣
好好整頓內心

「假日過得很悠閒，疲勞卻無法消除」、「明明有睡覺，但早上就覺得很累」等，肯定有不少人是慢性地感覺疲勞。「運動後，不是覺得身體各個地方痠痛，而是感覺渾身無力，也許就是大腦疲勞」。這麼說的是禪僧，同時也是精神科醫師的川野泰周先生。想從理論上了解人類心的構造而在大學裡學習精神醫學，當過臨床醫師之後，經過禪

請教專家

臨濟宗建長寺派林香寺住持
精神科、心療內科醫師
川野泰周

1980年出生。慶應義塾大學醫學院畢業後，擔任精神科醫師從事診療工作，2011年起開始禪的修行。2014年底接任橫濱臨濟宗建長寺派林香寺第19代住持。現在一邊主持寺務，一邊在診所等負責精神科的診療工作。著有《ずぼら瞑想》（幻冬舍）等多本著作。

冥想

對憑感覺時做時不做 的我們有效的5個冥想的理由

理由之1

讓頭腦有時間休息，
增強復原能力

一邊進行作業一邊同時思考很多事情的多工狀態會讓腦筋疲力竭。「藉冥想把注意力集中在一件事物上，強制變成單工，讓腦休息，恢復精神」。

理由之2

那是疼愛自己的時間，
可以獲得自我肯定感

平常我們常常去注意自己以外的事物，消耗頭腦的能量。「當我們經由冥想集中意識於自己的內在，就會萌生一股能夠操控自己的自我肯定感」。

理由之3

變得能夠 很快的切換，
防止用腦過度

人一次只能做一件事。「『多工的人』不是善於同時做很多事，而是善於心情和行動的切換。將冥想納入日常生活，會讓心情的切換變得順暢」。

理由之4

找回人生的樂趣，
心情變愉快

「讓意識集中於五感中的一感就是『冥想』。正如我們在用餐中用視覺欣賞、用味覺品味菜餚，去意識每一個動作也是『冥想』。於是便能領略理所當然的日常的豐富性」。

理由之5

學會 避開 負面情緒

冥想中，腦海中閃過煩惱或掛記的事……「這種時候要誇獎自己『認真投入到會煩惱的地步』、『會想起來，真了不起』。負面的感受也會咻地過去唷」。

修，繼承老家的禪寺。現在一邊操持寺務，一邊在診所等處為人做精神科的診療。

「一邊做著眼前的工作，一邊注意另一項工作的進展等，現代人總是處在同時做好幾件事的多工狀態。更甚的是，把洗碗、掃地之類的家事、查字典等可以心無雜念地進行的作業換成機器去做，頭腦時時在思考『重要的事』。不想浪費時間的想法反而使得大腦疲憊不堪」。

此外，「盡量不要造成困擾」等常常是對自己以外的人說的，使自己漸漸察覺不到自己為何事感到疲憊。「能有效防止這種情況的就是冥想」。

利用工作的空檔等，日常比較容易採納的是「片刻冥想」。我們請教了其做法。

片刻冥想

走幾十步也無妨

適合在通勤時間做
步行冥想
[WALKING MEDITATION]

把注意力放在腳底的感覺的「步行冥想」。「建議通勤中或在辦公室裡走動時,把意識投向腳底稍微練習一下」。

1
抬起左腳腳踝
抬起左腳腳踝,同時在心裡配合動作念著「腳踝抬起」。

2
左腳腳尖離地
心裡一邊念著「腳尖離地」,一邊把左腳腳尖抬高。注意懸空的感覺。

3
左腳慢慢往前踏出
在心裡念著「腳往前踏出」,同時慢慢向前踏出左腳。自然的步幅即可。

把意識集中於腳底

4
左腳整個著地
腳一邊著地,心裡一邊念著「腳底著地」。「要用腳底感受地面的存在」。

5
右腳也同樣向前踏出
左腳走完後,右腳也照著1～4的步驟進行冥想。左右腳反覆進行,直到可以做得很自然為止。

擠電車擠得很累
吊環冥想

這是抓著吊環進行的冥想。先從一站的時間做起。「閉著眼睛,兩腿微微張開,意識到肚臍下方的丹田。感覺用兩隻腳的腳底取得平衡地站著,注意力集中在呼吸上」。

對車站的長樓梯覺得受夠了!
樓梯冥想

如果對通勤時轉乘電車等要爬很長的樓梯覺得很煩,就做「樓梯冥想」。「應用『步行冥想』的方式上下樓梯。對肌肉造成的負擔會比走平路還多,這部分也要觀察」。

「好忙」、「好麻煩」
但換個想法就成了
日常冥想

每天1分鐘就做完！ 建議的

適合在工作休息時間做

喝的冥想

[DRINKING MEDITATION]

常備自己鍾愛的茶品和器皿，在工作的休息時間進行。關掉電腦螢幕或用布遮住，不要讓眼睛看到。

熱熱的好舒服

1 把器皿擺在面前觀察它

將裝有飲料的器皿擺在桌上，先觀察。感受它的顏色、形狀、材料等。

2 拿起器皿感覺它的溫度

觀察自器皿傳到手上的溫度，是熱是冷等。享受那觸感。

3 把器皿拿近鼻子感覺飲料的香氣

慢慢感受飲料的香氣。「試著由香氣想像它的味道」。

4 含一口在嘴裡

把器皿端到嘴邊喝一口，使口中滋潤即可。動作要輕。

茶好甘甜，很好喝

5 用整個舌頭品味飲料

讓飲料遍布舌面似地品嘗它。觀察甘、苦等複雜的味道。

6 輕輕放下器皿

輕輕地將器皿放在桌上。「放好之後，即使一邊工作一邊喝也沒關係」。

好好享用午餐

椅子冥想

好忙，忙到沒時間好好吃頓午餐！這種時候就去公園享用簡單的午餐。「這時，試著換坐幾張椅子。視角一變，心情也會自然切換」。

每天忙於家事

家事冥想

「修行把打掃看得比坐禪還重要。事實上，做家事是最好的冥想。高麗菜切絲、晾衣服、拿抹布擦拭……集中精神想把它做得很漂亮，就會心無雜念」。

不知不覺間妳的腦也累垮了
消除頭腦過度疲勞的
12個技巧

感覺「工作雖然忙但每天都很充實！」的妳，
事實上頭腦可能也非常疲累。為各位介紹有效使頭腦恢復精神的方法！

請教專家

奧村記憶
診所院長
奧村 步

岐阜大學研究所博士課程修
業完畢後，到北卡羅萊納神
經科學中心深造。先在岐阜
大學附屬醫院服務，2008
年成立現在的診所。以「遺
忘門診」為主診斷過10萬人
以上的大腦。

曝露在過多的資訊中，
沒時間「發呆」的話，
腦會愈來愈虛弱！

持續看手機，
疲勞會在腦中堆積

「許多現代人的腦都疲憊不堪。即使打算輕鬆一下，眼睛也一直盯著手機看，這樣大腦其實是一直集中精神接收訊息，根本沒在休息」。奧村記憶診所的院長奧村步先生如此提出警告。因大腦過勞，導致記憶力和思考力在不自覺之中逐漸下降，這種該當稱為「智慧型手機失智症」的人也不在少數。

不過，要擺脫經常使用智慧型手機的生活很困難。「讓我們撥出時間『發呆』吧，即使一點一點地慢慢來也好。發呆時，腦內名為『預設模式網路』的系統會變活絡，腦也會整理接收到的過量訊息，消除疲勞」。這裡收集了一些納入日常生活中效果不錯的習慣，供各位參考。

124

優先度高
・匯整星期三的簡報資料
・預約牙醫師

優先度中
・收集小孩報考中學的資料
・尋找幫人清潔冷氣的業者

優先度低
・研究怎麼對付講話老是諷刺別人的同事A
・購買出席11月B的婚禮時要穿的服裝

01 頭腦清爽

寫出煩惱、課題，排出優先次序

「頭腦累了便沒辦法將煩惱或工作排出優先次序。常常會所有事同時進行因而感到苦惱，變得更加疲憊」。因此，平時就養成把自己的煩惱寫出來，區分優先度高、中、低的習慣很好。可以客觀地判斷：「多數煩惱其實都不值得一提」。「只要知道自己為什麼這麼累，就比較不容易掉入惡性循環」。

02 頭腦清爽

每晚簡單寫下行動日記

在一天的尾聲寫下當天發生的事、自己對那件事有何感受、身體狀況的變化等，作為行動日記。用1～2行字簡單記錄即可。藉由這樣的記錄「除了可以察覺自己心理狀況開始惡化的徵兆，及早處理，還可以客觀地自我檢查，促使『發呆腦』的預設模式網路活性化」。

10月7日
企劃書遲交被罵。雖然要反省，但那種罵法讓人很不爽！

10月8日
與講話冗長的客戶談話很快就結束。雖然不懂為什麼，不過很幸運！

03 發呆時間

把「空白」填入多功能筆記本

10月 October	
8 TUE	**9** WED
製作資料	開會
	空白
空白	寫企劃書
開會	
空白	空白
寫企劃書	開會

不間斷地忙碌下，腦用以整理收到訊息的「發呆時間」沒了，使得疲勞不斷在腦中累積。即使工作很多，但不妨刻意在多功能筆記本上預留30分鐘左右的「空白」時間。事先找好喜歡的地方以便屆時可以毫無顧慮地發呆，會更有效率！

04
發呆時間

進行重要作業的
前後「發呆3分鐘」

在那一天的重頭戲——需要拚勁的工作前後，最好撥出時間讓頭腦放空整理思緒，只是片刻也好。頭腦可以針對接下來要做的事進行模擬推演，或有效地做事後反省，很可能反而會提高工作的成果。

05
發呆時間　　鳥瞰自己

從高處遠望

心情鬱悶時，不妨從屋頂等高處眺望下面的世界。「人站在高處往下看時，自己腦中的，用大視野觀看的『鳥瞰』、『客觀』能力也會增強」。比較容易發生突然想到解決難題的方法，或忽然發現導致自己低潮或壓力的原因這類事情。

06
發呆時間　　刺激五感

漫無目的地散步

進行只是走路之類的不需要用腦的活動，會讓大腦的意識活動程度降低，接近安靜時的狀態。「運動會促進腦內網路的連結，和有關神經細胞成長的物質『腦源性神經滋養因子』的分泌」。有時大腦在散步中經過整理，還會突然想出新點子或解決方案。

07
鳥瞰自己　　刺激五感

聽以前很喜歡
的熟悉旋律

一聽到以前熟悉的音樂，腦的情動領域便受到刺激，勾起被塵封的古老記憶。「想起過去的記憶會使過去的自己和現在的自己產生連結，使負責監控的預設模式網路受到刺激」。還可能同時喚起以前的熱情。

發呆時間　鳥瞰自己

沒有目的地看著以前的照片

看兒時老照片，等於是鳥瞰式地回顧自己的過去。「預設模式網路是將自己的過去到未來連結起來加以監控的系統。所以，沒有目的地看著以前的相簿這樣的行為，會促使這套系統活躍起來」。建議每晚睡前看！

09 頭腦體操

搜尋前用3秒的時間
「努力回想起來」

現代人動不動就倚賴智慧型手機。「那部連續劇的歌叫什麼來著？」之類的疑問，只要上網搜尋馬上就會找到答案，結果就是腦內檢索記憶的系統變得容易衰退。「至少忍個3秒鐘，養成試圖靠自己回想起來的習慣，這樣大腦的網路連結就會變好」。

10 刺激五感

忘記時間
與動、植物相處

「動物和植物具有療癒大腦的力量。若能和動物玩、享受園藝以至於忘掉時間，對腦來說具有很大的提振效果」。在山徑上散步做森林浴，或是躺在舒適的原野上無所事事地度過等，效果也不錯！

11 發呆時間　刺激五感

洗碗或
打掃浴室

「洗碗、打掃浴室、擦鞋子等，像這樣用不著花腦筋的單純作業會讓腦覺得無聊，意識活動降低，預設模式網路便漸漸啟動」。盡可能拉長作業時間效果比較好。如果腦中很混亂，不妨先整理家裡，這樣家裡也變整齊了，豈不是一石二鳥？

12 頭腦體操　刺激五感

玩與人對戰的運動或
將棋、圍棋等遊戲

需要一邊預測對方會如何出手的戰略型遊戲會帶給腦部正面的刺激。「比起像是計算題那樣的『頭腦訓練』，與真實的人一起進行含有社交元素的活動對腦更有利。玩『寶可夢』也會與其他人產生交流，或許對腦也挺好的」。

【日文版 STAFF】

插畫：山中玲奈

照片：小野さやか、竹井俊晴、松橋晶子、矢作常明、吉澤咲子、sono[bean]、
　　　スタジオキャスパー、PIXTA

取材・文字：岩井愛佳、宇佐見明日香、海老根祐子、工藤花衣、武田京子、高島三幸、
　　　西尾英子、簱智優子、三浦香代子、村山真由美、柳本操、吉田明乎

料理・食譜設計・造型：タカハシユキ (p.94~99)

髮妝造型：長谷目和美 (p.72)

身心靈全方位休息法
善待獨一無二的自己

2020年5月1日初版第一刷發行

作　　者　日經WOMAN
譯　　者　鍾嘉惠
編　　輯　吳元晴
發 行 人　南部裕
發 行 所　台灣東販股份有限公司
　　　　　＜網址＞www.tohan.com.tw
法律顧問　蕭雄淋律師
香港發行　萬里機構出版有限公司
　　　　　＜地址＞香港北角英皇道499號北角工業大廈20樓
　　　　　＜電話＞（852）2564-7511
　　　　　＜傳真＞（852）2565-5539
　　　　　＜電郵＞info@wanlibk.com
　　　　　＜網址＞http://www.wanlibk.com
　　　　　　　　　http://www.facebook.com/wanlibk
香港經銷　香港聯合書刊物流有限公司
　　　　　＜地址＞香港新界大埔汀麗路36號
　　　　　　　　　中華商務印刷大廈3字樓
　　　　　＜電話＞（852）2150-2100
　　　　　＜傳真＞（852）2407-3062
　　　　　＜電郵＞info@suplogistics.com.hk